馬敘倫自述

——我在六十歲以前

馬敘倫——原著
蔡登山——主編

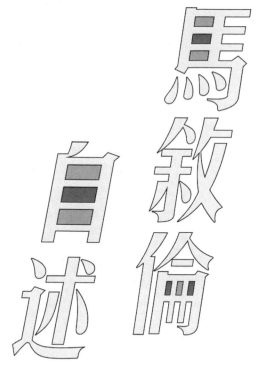

放眼春如許卻堪憐三分春色二
分歸去任道浮生能百歲也多
多虛度算只爲儒冠相誤一晌胡
塗何用説要從今料理前頭路無
草〻重新鋤　情懷更與東風

餅有梅花山圍水繞願為漁父
不學磻谿垂釣者只釣新常鐘
鼓得饕屍莪々鯢鮒橅取布衣
蔬食足之便收綸買醉斜陽渡
人與我兩無忤

五十初度之作

放眼春如許。卻堪憐、三分春色，二分歸去。任道浮生能百歲，半已匆匆虛度，算只為儒冠相誤。一晌胡塗何用說，要從今料理前頭路。無草草，重新錯。

情懷更與東風訴。有梅花、山圍水繞，願為漁父。不學磻谿垂釣者，只釣旂常鐘鼓。得幾尾、夋夋鯇鮒。換取布衣蔬食足，便收綸、買醉斜陽渡。人與我、兩無忤。

〈馬敘倫五十初度之作〉

又是十年去歟十年韶華如故鬢
絲非故驀地風濤淹綠野驚起魚
龍無數對錦陌銅駝不語破碎金
甌還待補愧深衣皂帽春申浦
宜鐘阜空懷古 捫天茜夢裊無憑

椽且安排藏山之業日親蟫蠹半
畝梅邊一谿水畔計因循已誤怕
斜照漸昏江樹枝竹間吟歸去
也又煙雲杳渺知何處浮一觴遂
鷗鷺　六十初度之作

又是十年去。歎十年、韶華如故，鬢絲非故。驀地風濤淹綠野，驚起魚龍無數。
對錦陌、銅駝不語。破碎金甌還待補，愧深衣、皂帽春申浦。
望鍾阜，空懷古。
捫天夢裏無憑據，且安排、藏山之業，日親蟫蠹。半畝梅邊一谿水，
此計因循已誤。怕斜照、漸昏江樹。扶竹閒吟歸去也，
又煙雲、杳渺知何處。浮一艇，遂鷗鷺。

〈馬敘倫六十初度之作〉

北大名教授馬敘倫和他的回憶錄

蔡登山

北大名教授馬敘倫在文字學、音韻學、訓詁學、文學、語言學、詩詞等方面均有很深的造詣，著述甚多；尤其在文字學方面貢獻良多，學術巨著《說文解字六書疏證》是畢三十多年之功，辛勤耕耘的成果。該書把《說文解字》九千多字的字形、字義、字音作了詳細的分析和闡析，是文字學史上的一項創舉。馬氏對金石甲骨文字也有深入研究。另在老莊哲學方面的著作有《老子校詁》、《莊子義證》等。

馬敘倫（一八八四－一九七〇），字彝初（又作夷初），晚年又號石屋老人，浙江杭縣（今餘杭）人。一九〇五年，他和鄧實、黃節、劉師培等人組織「國學保存會」於上海，復刊行《國粹學報》，以「辨別種族，發揚民意」為宗旨。一九〇九年任杭州兩級師範學堂教員，同年冬參加柳亞子、陳去病發起的「南社」。一九一一年夏，他隨湯爾和到東京遊玩。在日本，他曾託章太炎介紹加入中國同盟會，但不知其結果。一九一一年武昌起義爆發後，馬敘倫在故鄉組建民團。後來，他任浙江都督府秘書。此後不久，他來到上海和章太炎同辦《大共和日報》，任總編輯。

一九一三年，他任北京醫學專門學校（校長湯爾和）國文教員。一九一五年任北京大學文科教授。同年冬，為抗議袁世凱稱帝，他辭職返回浙江。一九一七年，他應北京大學校長蔡元培邀請，重任北京大學哲學系教授。一九一九年一月，與胡適、陳大齊等發起組織北大「哲學研究會」，在北大與馬裕藻、馬衡昆仲，合稱「三馬」。

一九二一年六月，任浙江省教育廳廳長。同年九月二五日任北洋政府王寵惠內閣教育部次長。翌年十二月辭職，重回北大任教授。一九二四年十一月任段祺瑞內閣教育部次長，並曾經一度代理教育部部務。一九二五年為臨時執政段祺瑞免職，去職後三度重任北大教授。一九二六年「三一八慘案」發生後，馬敘倫因痛斥段祺瑞而遭到通緝，被迫逃回浙江杭州。回到杭州後，他策動浙江省省長夏超響應北伐，反對孫傳芳，遭到孫傳芳通緝。一九二七年任浙江省政府委員兼民政廳長，一九二八年冬，中華民國大學院改為教育部，蔣夢麟任部長，馬敘倫第三次任國民政府教育部次長。一九三一年一月他四度重回北京大學任教。一九三五年華北事變發生後，他擁護中國共產黨提出的建立抗日民族統一戰線的主張，倡設「北平文化界抗日救國會」並任主席。一九三七年七七事變爆發後，他到上海，改名換姓，專心著述。

一九四五年十二月他和王紹鏊、許廣平、周建人、趙樸初等人在上海發起成立「中國民主促進會」。一九四六年六月出席「留滬父老慰勞會」，同月自稱

「民眾代表」，由上海入京請願，為中共張目，途次鎮江，蘇北難民群集車站，向各代表表示，請其將共黨蹂躪蘇北情形向國府及中共代表轉達，並請中共撤出蘇北，馬敘倫等拒不接受，及抵南京車站，蘇北難民又向其陳述意見，要求帶領難民向國府及中共代表請願，馬敘倫等斷言拒絕，且有袒護共黨之語，致發生流血衝突，馬敘倫傷及頭部。一九四七年十月，政府宣布「中國民主促進會」為非法團體。

一九四七年底，馬敘倫經中國共產黨的幫助，自上海安抵達香港。在香港，他和王紹鏊等人籌設了中國民主促進會港九分會。此後不久，馬敘倫自香港轉入解放區。一九四九年一月二十二日，與李濟深、沈鈞儒、郭沫若等五十五人在解放區發表時局聲明，支持共黨八項和平條件。一九四九年六月，出席中國人民政治協商會議籌備會，並任常務委員，還任「擬定國旗、國歌及國徽方案」的第六小組組長。

中華人民共和國成立後，馬敘倫任中央人民政府委員、政務院文化教育委員會副主任、中央人民政府教育部部長，後又任中央人民政府高等教育部部長。一九五三年三月，任「中國民主促進會」主席，六月任「中國民主同盟」中央委員會主席。一九五四年八月，任「人大」浙江省代表，九月任第一屆「人大」常務委員會委員（連任第二、三屆）。一九六五任第四屆「政協」副主席。一九七〇年五月四日，在北京逝世，年八十七。

其著作有：《老子覈詁》、《老子校詁》、《列子偽書考》、《莊子義證》、《讀書小記》、《讀左氏春秋記》、《讀兩漢書記》、《六書解例》、《說文解字研究法》、《說文解字六書疏證》、《中國文字之源流與研究之新傾向》、《石鼓文疏記》、《馬敘倫學術論文集》、《我在六十歲以前》、《石屋餘瀋》、《石屋續瀋》等。

《馬敘倫說掌故》是《石屋餘瀋》、《石屋續瀋》兩書的合集，《石屋餘瀋》全書共一三三則，記述了清末以來的掌故逸聞，是作者整理自己各時期藝文掌故筆記而成的著作，具有很高的史料價值。書中還記述民國時期著名人物及其遺事，如李經羲、章太炎、王靜安、李叔同等，大多得之於作者親歷或親聞；另有評述名人字畫的文章，對古代書畫及當時名家之品評極為精到。

馬敘倫和章太炎的交情在《石屋餘瀋》中亦有提及，一九一三年八月十一日，章太炎應共和黨之招，由上海抵北京，初意小住即行，不料一入都門，就被袁世凱軟禁於前門外化石橋之共和黨黨部。一九一四年一月七日，太炎先生以大勳章作扇墜，臨總統府之門，大詬袁世凱包藏禍心，隨被監禁於龍泉寺。在龍泉寺時章太炎曾一度恢復自由，那是馬敘倫與黃晦聞向袁系的政治會議議長李經羲要求所得的結果。後章太炎又被遷往錢糧胡同，馬敘倫回憶當時情況說：「（章太炎）及居錢糧胡同，一切皆由京師員警總監吳炳湘遣人為之經理，司門以至司庖，皆警廳之偵吏，太炎懼為所毒，食必為銀碗、銀箸、銀匕；蓋據《洗冤錄》謂，銀可以驗毒也。其賓客往來者皆必得警廳之許，然後得見，其弟子中唯朱逖先（希祖）可出入無阻。余初往亦不得入，其後乃自如。蓋偵吏知余與太炎所言不及時事也。」

吳炳湘剝奪章太炎見客的自由，章氏大憤。還是馬敘倫找到桐城派古文家馬其昶來向吳炳湘疏通，因馬其昶與吳炳湘有同鄉之誼，馬其昶又是耆宿，當時是參政，如此一來才鬆了門禁。章太炎與馬其昶的會見也是在此時，經馬敘倫介紹而訂交的。馬其昶以《毛詩考》向章太炎就教。後來章太炎對馬其昶的批評較對其他桐城派文人為寬大，曾說：「並世所見，王闓運能盡雅，其次吳汝綸以下有桐城馬其昶能盡俗。」章太炎批評桐城派，獨譽馬其昶，其因在此。

後來章太炎又再度絕食了，朱希祖私藏著餅帶進去要給章太炎吃，沒想到章太炎卻斥擲其餅，就是要絕食抗爭。各方勸說，都歸無效。馬敘倫得知信息後，一早八時就趕到錢糧胡同。進了臥房，看見章太炎裹著三條棉被，吸著紙煙。冬天的北平，屋裏都是要生火爐子取暖。而章太炎的臥室是北房，房子又高又大，可一個爐子也沒有。不是不給他生火爐，而是他不要；他提防袁世凱會用煤氣毒死他。這可把馬敘倫凍壞了，他穿著裘皮大氅，還得在屋裏不斷地兜圈子以禦寒。馬敘倫一邊轉圈一邊開導譬解，憑著三寸之舌，忽談孔孟，忽談老莊，忽談佛學，忽談理學；說到理學，章太炎興致大增，原來他正在這門學問下功夫。可一說到復食，章太炎就引了《呂氏春秋》的話：「全生為上，迫生為下，迫生不如死。」用來說明絕食的理由。馬敘倫只好又把話岔開。兩人從早一直說到晚上八點，章太炎倒是越說越來勁，可馬敘倫卻一整天沒吃東西，正飢腸轆轆，他便趁機要章太炎陪他吃點東西，章太炎居然答應了。馬敘倫趕緊吩咐聽差兼司廚做兩碗雞蛋湯來。一會兒，蛋湯端上來了，放在章太炎的床邊。馬敘倫先遞給他一碗，章太炎不一會兒就落肚了；又遞給他一碗，他也不推辭。馬敘倫又吩咐聽差給章太炎洗臉，然後才與他辭行。到了大門口，站崗的特務都恭恭敬敬地向馬敘倫致謝。馬敘倫不虛此行，盡管自己餓了一天肚子。

後來馬敘倫與章太炎因謀傾袁事，於是趕在袁世凱「登基」之前，辭北京大學教授職，南下參加討袁工作。離京之前，馬敘倫向章太炎辭行。太炎泫然，平生未見其若此也。在回南後一年的春天，馬敘倫始終沒有得到章太炎的消息，便寫了一闋〈高陽臺〉詞，以示懷念。詞云：

燭影搖紅，簾波捲翠，小庭斜掩黃昏。獨倚雕闌，記曾私語銷魂。楊花愛撲桃花面，儘霏霏不管人嗔！更蛾眉暗上窗紗，只是窺人。

從前不解生愁處，任灞橋初別，略揾啼痕。爭道如今，離思亂似春雲。銀箋欲寄如何寄？縱回文寫盡傷春，奈人遙又過天涯，斷了鴻鱗！

自此以後，政海瀾翻。章太炎遊說西南，不暇寧居；而馬敘倫則舌耕養親，久居故都，馬敘倫說：「與太炎僅二面耳。一為九年，余為外姑之喪南歸，道經上海，訪之於也是廬，高朋滿座，皆縱橫捭闔之儔也，余起居之即別。二為廿一年，太炎至北平，余一日清晨訪之，以為可以敘舊語。乃太炎未起，起而盥洗事已，方相坐無多語，而吳子玉以車來速，余素不樂太炎與聞政事，蓋太炎講學則可，與政則不可，其才不適此也。……知不可諫，即辭而行。余於太炎誼在師友之間，得復一見其平安，亦無他求，而從此竟人天異域矣。今日思之，亦有黃壚之痛也。」

《石屋續瀋》收清末民初以來軼聞掌故九十四則。其中〈清代試士瑣記〉、〈周赤忱談辛亥浙江光復〉、〈八股文程式〉、〈張勳復辟〉、〈潘復殺邵飄萍林白水〉等記錄故實，並及張之洞、張宗昌、湯爾和、孫傳芳、陶成章、夏震武、蔡元培、陳介石、夏丏尊、熊希齡等數十人的逸事。

另《石屋續瀋》談及汪精衛偽府時有對聯云：

近衛汪精衛，你自衛，我自衛，兄魯弟衛。
陳群李士群，來一群，去一群，狗黨狐群。

聯中的近衛是指日本首相近衛文麿，「兄魯弟衛」是指王克敏（字叔魯）和汪精衛，另外一層含意是魯有愚蠢之意，而衛是古代驢子的另一稱呼，與下聯一起看是王克敏、汪精衛、陳群、李士群你們這些狐群狗黨的漢奸，看似靈活機敏，實質上不夠是一班蠢驢而已。這聯詞雖滑稽，但義嚴斧鉞。

《我在六十歲以前》是他早年的回憶錄。但在《石屋續瀋》也留下一些資料：馬敘倫不足四周歲就「破蒙」，跟了光緒十四年的浙江鄉試第一名的王先生，讀起了《小學韻語》。後來又隨父親和輾轉了幾個先生，繼續日誦。讀到十歲，他仍不曉得《孟子》一書究竟說的是什麼，但一手毛筆字是人人稱讚。馬敘倫九歲，有人送他父親一副麻將牌，祖母極喜歡，有親戚來，就要湊成四人搓一把。某日，三缺一，祖母要馬敘倫湊一個。沒想到他一上手，就連和三把。聰慧如此的馬敘倫，卻沒有這一嗜好，他喜歡讀書，認為搓麻將費時誤事，又牽連他人，不是好遊戲。

馬敘倫十五歲，不願意再在「宗文義塾」那種舊書塾上學，想進「養正書塾」。他向母親提出，當時他有五個兄弟姊妹，都是到了讀書的年齡，全靠母親鄒贅梅的「十個指頭在維持」。這「十個指頭」，指的是祖上留下的做鞋子生計。母親是個知書達理的人，只要馬敘倫肯學，母親自然沒有不答應的。馬敘倫天資聰穎，半年中，他連考七次「第一」，就在這時，養正書塾來了一位陳黻宸（介石）老師，知識淵博，一手好文，極有求新變革的意識。馬敘倫好學，有悟性，陳先生特別看重他。養正書塾三名特班生，就是馬敘倫、湯爾和、杜士珍，人稱書塾「三傑」。在陳黻宸的引導下，早早有了民族、民權的輪廓，有了天賦人權，平等民主，建立共和的思想。

一九〇二年的春天就在養正書塾改名「杭州府中學堂」那年，十八歲的馬敘倫被學校「開除」了。起因不大，最初是三個同學犯了「吃飯不許說話」的規矩，被學正上報，遭到除名。陳黻宸老師反對這麼做，一氣急，提出要辭職。馬敘倫等人年少氣盛，和學正、學監吵了起來，也被同時除名。學業沒有修完，官費留學泡湯，三個把兄弟決意跟隨陳黻宸去上海。因為當時的上海租界，有許多志同道合的「維新派」。陳黻宸辦起了《新世界學報》，馬、湯、杜寫稿、編撰，向全國發行。《新世界學報》的政治改革觀點相當鮮明，尤其馬敘倫負責的「教育學」欄目，很被時人看重。

一九一二年他去浙江第一師範學校教書了。這學校的前身，就是「浙江省官立兩級師範學堂」。一九一三年他到北京醫學院專門學校任國文教員。一九一五年北大請他到文學院任教，後為反對袁世凱圖謀稱帝，憤然辭去北京醫專和北大的教職回上海。袁世凱失敗後，蔡元培任北大校長，邀請馬敘倫再任教授，他對於研究中國的文字興趣很濃，於是動手寫作《說文解字六書疏證》一書。這本書直到一九五七年才正式出版，數十年間三易其稿。他在該書自敘中說：「倫以三十年之勤，草成此書，所發正者，巨細將近千事」；「倫從事此事，先後求得清代治許書者之著作百數十種」。該書對於文字學的研究做出重要的貢獻，其中最大的功績是糾正《說文》根據小篆形體，解釋形義的謬誤。

《我在六十歲以前》同時也揭露了許多不為人所知的秘辛，這些都是作者所親見的事實，例如一九二四年段祺瑞組織政府，馬敘倫徵求李大釗等人的意見，決定出任教育不代理部務。任職期間，做了一件使李大釗免遭逮捕的大事，他說：「原來內務部得到情報說共產黨首領李守常（大釗）在各校活動，咨請教育部查辦，我把他壓下了，否則李先生不必等到張作霖做大元帥就會被捕。」而一九二五年三月十一日晚，孫中山彌留之際，馬敘倫和楊杏佛均守在身邊。孫中山入殮那天，段祺瑞因怕見革命黨和成千上萬的青年，推說腳痛不來了，派內務總長「恭代」，激起馬敘倫和群眾的無比憤慨。這些都是非常珍貴的史料，可惜的是這本回憶錄只寫到六十歲以前，而馬敘倫一直活到八十七歲，之後的二十餘年，我們在本書附錄補上大事年表，聊做一簡單的敘述，若要有詳細的介紹，可能要尋求傳記學者所寫的《馬敘倫傳》了。

目次

我在六十歲以前

（一）

我是生在中華民國前二十七年（前清光緒十一年、公元一八八五年）四月廿七日；（這是照新曆推算的日子）我的家庭歷史是這樣的：高祖是一位農夫。曾祖從紹興搬到杭州，學做鞋子，是個工人，後來自己開起店來了，又是商人。祖父呢，三考出身，正路功名，在前清做京官二十多年就過世了。我的父親當然承繼書香，但只做得一個縣學生員。

我五歲（實際不足四歲）那年的春天，有一天，我的父親在內客堂中間擺了一張四方桌子，靠外一邊縛上一幅紅呢桌帷，桌子上擺了一副香爐燭臺，為著給我破蒙，要拜孔夫子。給我破蒙的老師是頭年（前清光緒十四年）浙江鄉試第一名舉人，俗叫解元的山陰王會澧先生，這就可以曉得父親對我的期望了。

王先生到了，簇新的禮服，映出他那樣風神昳麗的儀貌。更從他的談笑裏，顯著他的得意。因為他正要上北京去會試，似乎指顧問連中三元可以操券而得。我的父親自然也穿著禮服，先請王先生拜孔夫子，隨後自己也拜，隨後便叫我拜。我拜得真神氣，王先生稱讚了一番，父親便向王先生行託付禮，彼此互拜了一回，隨後父親叫我拜老師。

破蒙開始了，撤了香爐燭臺，擺上硃筆硯臺。一本羅澤南做的《小學韻語》，是浙江官書局刻的大板，官堆紙印得雪白，鋪在桌子左邊。一個綠色花綢子做的書包，是四方的綢子，把三面向裏摺起，再縫住了，便成了袋子，一面不折的角上，用黑色綢子挖了一個如意，鑲在上面，又安上一條紅布帶子。書包裏面放著一塊木板，大小和書包差不多，板的一面，四邊刻著古式花樣，無非雙魚吉慶，筆錠如意一類，中間直刻四個大字，如「福緣善慶」一類，這塊木板的用意怎樣，或者是古代所謂「篥」，為兒童學書用的；或者不過為書包質軟，借此襯得硬些，以便兒童裝書。

王先生當然衣冠端正，儼然人師地坐在上首，我就坐在左邊。王先生指著《小學韻語》開首四句：「小學之道，誨爾童蒙。（這句或者有些錯誤，記不真了。）蒙以養正，是曰聖功。」叫我隨他的聲音唸。教不到三遍，我就自己會唸了。我的父親自然笑開了臉，王先生也向父親叫恭喜。

以後就是父親教我了，當然繼續讀完這本《小學韻語》。讀書以外，只有寫描硃字。我一寫就很合式，父親更是歡喜。

可是我家的生活，要靠父親每月薪水收入維持的，所以父親也不能準時地繼續教我。後來幾年，父親因為我的兩位堂兄要讀書，請了一位蕭山某先生來家，我也跟著讀「大學之道」了。後來又換了一位唐棲勞先生。後來請不起先生了，把我送到鄰居一位張先生家。張先生有學生十幾個人，聚在一間小屋子裏，真是一陣一陣老鴉叫個不休，好在我也不過隨口亂叫，張先生也不過只要學生背誦得出，就算了事。

在張先生家讀書的那年，我已十歲了，可是我還不過讀到下孟（《孟子》三卷，下孟就是下卷），而且也不曉得裏面說些什麼，可是我的寫字算寫得相當好了。

這年十二月十二日（自然舊曆）下午，我的大禍臨頭了。這時我剛剛在那裏叫，「惠王曰：晉國天下莫強焉」，我家一個老做媽媽來對我說「履官（是我的小名），少奶奶（我的母親）叫偌回去。」我早曉得父親這幾日病勢沉重，聽了，就把書包拿起，向先生作了一揖回家了。走入父親房裏，在父親床前對面坐了，只看著父親。父親叫我的母親拿長生果給我吃，我接著就不覺眼中要滾下淚來，正舉起手來要向眼上揩，父親便朝裏睡了，大約也不忍看我。這夜子時，（十一點多鐘）父親就撇下了我們母子兄妹四個過世了。

父親在日，我已沒有幸運好好地讀書，何況父親過去了。但是我的母親呢，偏偏要從他老十個指頭底下養活我們的生命，還要叫我承繼祖父的書香，並且對我說：「你爸爸沒有得志，是他一生的恨事，你要替你爸爸爭氣。」所以請了一位父親的學生孫先生來教我們兄弟讀書，但是也不過和張先生一樣。

（二）

我十一歲的冬天，母親給父親辦葬事，父親的好友湯頤瑣先生從蘇州來會葬，便帶了我回蘇州。明年，湯先生就館到溫州去了，卻替我請了一位劉先生來教我。這位劉先生單名叫題，是蘇州閶門外一位醫生（自然是中醫），所以訂明是早來晚歸的。他老真會教書，每日早晨九點來鐘，我和一個鄰舍同學到了館裏，他老個別的替我們上新書，溫舊書，新舊書都要能夠背誦得熟了，再替我們講解。我雖則懂不得文法，卻能瞭解書上說些什麼。他老又叫我們寫大字小字。末了是對課。這件事情，像是現在的造句子一類的意思，為做文的起碼練習。那時做文，都是預備將來考試中秀才舉人的，因為那時考試要做五言八韻的詩，詩是要講對子的，所以從小就要來講柳眼、桃腮、飛絮、游絲、青雲、赤日、亂頭風、長腳雨、紅板路、白門潮、由一個字起到五個字，五個字能對，就成了一韻詩。譬如先生出個「一團蝴蝶夢」，我們對個「幾處鷓鴣聲」，便是寫落花的一韻好詩了。

我當時只能對到三個字，但是他老出口，我就對上了。我那位同學天資比不上我，什麼都落後，但是他後來也趕上我了。我們在三個鐘頭裏把功課都做完了，他老真喜得要死，每日不到午時（十二點鐘），他老便回去行醫了。我們也覺得這個先生真奇怪，尤其是我，向來一竅不通，一忽兒覺得讀書很有意思了。

可是不幸的事又臨到我的頭上，不到三個月，湯先生從溫州來信接家眷了，劉先生自然不去，我卻跟了姨子（就是湯先生的夫人，是我母親的盟妹）到溫州。湯先生是有名的學者，俞曲園先生的學生，詩文都做得好。他老原想自己教我的，但是他老文酒應酬太忙了，每晚歸來，已是「魚更再鳴」，就沒工夫教我了，卻叫我讀《詩經》、《書經》。我覺得咯哩咯嗒，讀都讀不上口，哪裏還記得上心，瞭解更談不上了。但是三五日裏，湯先生要我背誦一回，我真叫苦了，因為真是背誦不上幾句。這樣一年，母親惦記我了，叫我的叔父來接我回杭州。

我十三歲的正月間（舊曆）回到杭州，母親又替我請好了一位張先生，教我和我的兩個弟弟讀書。功課是和在蘇州一樣的，但是我依然得不到讀書的味道。不到一年，我的家境也決不能夠請先生了，就進了一個宗文義塾，在智齋裏從胡誦清先生讀書。那時一齋裏學生程度高的文章滿篇，低的還只是背誦對課，我當然在低的方面，但是我卻私下向同學裏的會做詩的學做五言試帖詩（試帖詩是應考試用的），自然做不成功，我也覺不得讀書的味道。

一年以後，母親因我的身體不好，叫我回家（原來住在塾裏的），在同巷的李伯伯家，從一位蕭山人魯六僧先生讀書。還不是老方子的一貼藥，仍舊叫我感不到興趣，只是寫字算越寫得好了，因為我的父親是書法有名的，所以大家也誇獎我。這年是中華民國前十三年（清光緒二十五年），就是「戊戌政變」的後一年，李家請的魯先生換了一位范成佐先生。范先生的教書，法子還是一樣，可是活潑些，有一回事，卻叫我大感興趣。我有一個姓洪的同學，天資也和我彷彿，我們對背誦，往往要爭先到先生面前，我坐得近先生些，當然容易先到，這一回，他趁我不備，早離了他的位子，但是我的眼快，便同時搶到先生面前了，因此他和我都背誦起來。范先生左右為難了，但是他老心裏明白，我是後離坐位的，他老就出題目了，叫我們都停止背誦，由他老挑出書裏一句來，叫我們接著往下背誦。他老先對那位同學：「你先背」，分明是照顧他的意思。他老就從《論語》裏挑出一句：「不占而已矣」，那位同學卻背不出。他老又向我說：「是知其不可而為之者與」，我立刻接上去背通了。那位同學自然只得捧了書走，氣得來幾乎下淚，我卻一面背誦，一面很得意的向那位同學笑。

這時，我對於《論語》、《孟子》算能瞭解他們文法的部分了，就請范先生教我做八股文。咿唔咿唔地讀了幾篇程文（就是模範文），卻愛上了俞曲園先生《課孫草》裏〈子路宿於石門〉一章的一篇，因為有這樣四句：「草草杯盤，席上之殘肴未撤，熒熒燈火，室中之舊榻猶存。」覺得描寫得有趣，就也學做八股文了。可是只做到起股，就不懂往下怎樣做了。

頭一年秋季，一夜，明月在天，我從外面回家，遇到有人慌張得很，擔了泥菩薩搬家。我很奇怪，聽人家說，原來康有為學了外國人，要開學堂，清朝皇帝聽了康有為的話，要廢佛教，拿天下廟宇來辦學堂，所以那些尼姑先著了急，趁夜裏這樣趕來帶菩薩逃難。我在那時，耳裏早經聽著康梁變法的話，曉得變法是為什麼。那時杭州已有了一個求是書院，是新式教育機關（後來的浙江大學堂、浙江高等學堂都是從他改的，現在浙江大學也設在他的遺址），我卻還沒有曉得。

這年夏天，才聽說杭州辦了一個養正書塾，是外國學堂的樣子。還曉得我父親的一位盟友宋澄之先生（也是俞曲園先生的學生）在這裏面教書，我就向母親說明了，要進這個書塾，母親自然沒有不答應的。

其實這種書院書塾都是不中不外不今不古，不過不得不叫他們做新式教育機關。養正書塾的程度，可以說是現在的初小三四年到高中的混合體。我進去的時候，裏面有二班三班四班三個班頭，二班學生不過六七個人，都會做滿篇的文章，年紀也都在二十左右了。我呢，入學考試仍就是背誦一回書，因我還不懂做策論文，把我和同時進去和我一樣程度的同學湊了一班，叫做新四班。

我在新四班裏和蕭山三個姓韓的同學算是一班的「翹楚」，其實不過能做一百來字長的策論。我在半年將完時候，星期做文，一連考上七次第一，第二第三就是二個姓韓的同學。不到年終考試，我和兩個姓韓的同學便升入老四班了。我在老四班裏不過一兩個月，國文第一又往往輪到我的頭上了，所以這年年終考試的結果，我就升到三班。

我升到三班時候，只有一個算學教員趙望杏先生，是在四班裏也是他老教我們算學的，可是我對算學總是格格不入，一部《筆算數學》，做到命分就弄不清楚。好在那時還沒有物理、化學等科目，有的不過是歷史、地理、英文。歷史、地理都無教科書，也是那時還沒有編得出來，所以我們讀的歷史，是整部的《御批通鑑輯覽》。地理是《水道提綱》，我對地理簡直無從入門。英文呢，我對發音來得不準，而且很蔑視外國文，所以英文教員魏沖叔先生用盡方法引誘我。年考的時候，我的試卷稍稍像樣，他老竟給我獎金。但是我總覺得這是鬼話，我一生的吃虧卻在這裏。

這時三班的歷史教員是剛剛請來的一位有名的歷史學家陳介石先生（名叫黻宸），他老的古文也做得好，我們初初並不曉得，只當是一位布衣布鞋的鄉下老先生。他老一口溫州話，我們初初也真懂不得，可是我佔便宜了，因為我到過溫州，雖則我在溫州住了將近一年，實在沒有和溫州人正式接觸，不過聽聽鄰舍人家講話，有了些印象，所以陳先生說出來，我倒覺得和「他鄉遇故知」一樣。我聽了他老對歷史上的議論，很感興趣。他老因為言語不通，總是用筆來考問我們。他老不但「循循善誘」，還真懂得「不憤不啟，不悱不發」的教法。我們經他幾次的啟發，沒有不五體投地的歸依他老了。我在三班裏半年終了，又升到二班，便和原在二班的各位同學並駕齊驅了。

這年是清朝光緒二十六年，北方出了義和團的亂子，歐美日本八國聯軍攻入北京，皇太后皇帝都向西安逃跑了。那時杭州有三份上海報紙，是《申報》、《新聞報》、《中外日報》，但是我們書塾裏只教員室有報看，我們哪裏敢進去。這位陳先生卻常常把時事告訴我們。一日，他把我叫得去，告訴我聯軍進了北京，皇帝走了。我好像天向我頭上壓下來了，就號咷大哭。他老卻不響，直待我哭得太傷心了，他才對我說，你不要哭，慢慢對你說。我聽他的說話，好像基督徒相信《聖經》一樣，曉得他老必定有個道理的，也就止了淚。他老說：「你去息息罷。」我內心還是淒涼著，也沒有話說，就退出了。

後來他老並不怎樣特別地告訴我什麼，但是我們從他老講歷史裏說到六朝五代和宋明亡國的事，我們不知不覺瞭解我們所處的時代了。他老又叫我們在課外看《天演論》、《法意》，和《伯牙琴》、《明夷待訪錄》一類的書，我們又不知不覺懂得須要革命了。因此我們考試文裏也大變了色彩。

我在二班裏，也是半年就和全班的同學一起升了頭班。可是我苦了，因為他們的算學都是學微積了，而我連三角也學不好。英文也連造句還咯哩咯嗒，改學日文，又討厭他總是鬼話。不過我在歷史國文掌故（這門功課有些特別，大概等於現在的政治學裏經濟學裏的概論，而又只限於中國歷史以內，並且沒有教本，只在《九通》裏面自己摸索）方面的成績，除了湯爾和、杜士珍兩位同學外，我總超過其他同學們，所以保持了在頭班的地位。

我在頭班半年不到，和湯杜兩位同學的成績又超過了其他同學，忽然把我們三個加了一個特班生的頭銜，卻仍在頭班裏讀書，這是在前清光緒二十七年上半年。下半年書塾裏又出新花樣了，加設師範生六名。備班學生一班，備班取來的學生都是現在的初小一、二年級，師範生呢，並非另開一班，也不增加教育科目，就是給我和湯杜兩位同學，和還有周繼善、葉誠然、龔壽康三位同學（都是頭班生）加了一個職務，叫我們去教備班學生，不過不算正式教員，所以特立這個名目。

我們在備班裏，一面是教師地位，一面還是同學地位。我們對於這班裏的小兄弟，真是看得和自己的兄弟一樣。而我們的教法，不但用了陳老先生教我們的方法，「不憤不啟，不悱不發，」我們和他們真德謨克拉西。我們有時設了一個問題，反而自己退下講臺來坐在學生位子上，請他們裏面自動要說話的上去互相質問辯難。所以他們也和我們親熱得要死。他們裏面有一個楊崇英，是書塾總理的孫子，不過十二三歲，先和我在新四班裏同學，他後來告退，這時重復進來，他每次能夠侃侃而談。還有一個傅孟，也是了不得的。

這時，我們書塾裏還沒有體操，我們到求是書院裏去看了一番，不勝欣慕之至，就由高級同學發起向總理上書，請求增加體操科目。起初總理以為這是不需要的，後來終究被我們的「絕紗好詞」感動了，增加了體操。我對這事，倒大感興趣，翻槓子、盪鞦韆，居然第二手。

我們又發起組織同學了，一個現在學生會似的組織，由我們幾個高級同學來領導，雖則形式上很不完全，精神上倒很團結。我們幾個人常常晚上到年級較低的同學宿舍裏集合他們，作演講辯論，很似現在的座談會。

照例，每年端五、中秋、年底三個時間，要由杭州府、錢塘縣、仁和縣輪流來考試。他們拿了卷子回去，評定了次第，五名以前都有獎金。有一回輪到錢塘縣，知縣黃大華先生，倒是一個有學問的，可是他偏鬧了一個亂子。他隨意把我們升降了，頭班的降到三班，四班的升到二班，平日成績好的偏偏都落入次等。我們大鬨起來，好在校方並不依照他的評定辦理，我們卻大家都不願意接受他的獎金。說也可笑，一共也不過五六十塊錢，我們卻要辦一個藏書樓了。湯爾和會刻圖章，他就犧牲了石頭一方，刻了皆大歡喜樓藏書七個字，捺在買來的一些當時新出的課本書籍上。那時杭州出了一分線裝書式的白話報，其實都是求是、養正兩校的教員的作品。我們就訂了幾份，供給同學看看。

這時，我的十七歲光陰過完了，養正書塾也改為杭州府中學堂，我們六個師範生都要在明年（光緒二十八年）暑假畢業。校方預定派我和湯杜到日本去留學，我們約定去學陸軍，學了回來就好革命。（後來湯爾和曾去日本，一度進成城學校。）可是將要畢業的前兩個月，卻給我們一個留學的根本打擊。

事情是這樣的：我們同學們合理的思想發展了，我們組織起來了，對於校方古典式的一切會表示不滿。在歷史上，學生一進了校門，除了工友們以外，都是師長，尤其是在四十多年前，師字是和天地君親成了聯繫的，杭州人家家裏往往供著一塊天地君親師的牌位，便可以曉得師字的尊嚴，所以書塾裏的職員，人人自以為師，個個自以為長。我們塾裏一位學正先生（類似現在的庶務主任），真很神氣，大家就把他做了攻擊的對象，但是平常對他還是禮貌不衰。

廿八年清明時節，西子湖邊，山盤翠髻，水皺青絲，柳似舞腰，桃如含笑，怎不逗起我們的春情。向來清明、立夏這些節日是放假的，這年卻改了規則。我們向學正先生要求，請向監督（改學堂後總理也改叫監督）商量，仍舊放假。他說：「不行，」自然大家不高興。我們幾個師範生卻有點不師範了，就和幾個頭二班裏的同學請了假，溜到西湖上，賒了幾匹馬，大家輕衫軟策，遊山玩水，好不賞心悅目。哪裏曉得半路上碰著了學正先生，三名轎夫，一乘快轎，衝到我們馬前，來個照面。彼此來不及招呼就過去了。這日晚上，我們就聽見這位學正先生在那裏和教員們說我們不遵規則，還形容我們兩句話，是「扇子揚揚，馬鞭揮揮」。我們想他也何嘗守規則，大家就有了一肚子氣。

一會兒到立夏節了，當然沒有放假的希望，大家倒也不想出去。

一日，我們六個師範生正陪著陳老先生吃晚飯。（我們有特別權利在宿舍裏開飯，請他老同吃。）忽聽到樓下飯廳裏那位學正先生的聲音很高，還有拍桌子的聲音。趕緊叫工友去看，他回來說：「邵師爺同傅少爺，徐少爺相罵，邵師爺坐得轎到監督屋裏去哉。」我們趕緊下去一問，方曉得和這位學正先生同桌子吃飯的同學傅振紳（後來改名銳，字毋退）、王孚、徐景清三位，吃飯時候談天，被學正先生斥責了，所以爭起來。我們曉得學正先生向監督那裏一去，這三位同學定被嚴厲的處分了。向來我和湯杜兩同學是被監督特別看待的，這時湯爾和因病睡在隔壁醫院裏，大家就推我和杜士珍也趕到監督家裏去，好替那三位同學說話話。可憐，我們是一盞燈籠兩條腿，怎樣趕得過學正先生的轎子。半路上就看見「翰林院編修」的燈籠，曉得監督向校裏來了，又急忙回身就趕。趕到了校裏，只見全校的同學已佈滿了監督辦公室外面院子裏，好些教員都在監督辦公室外面君子堂裏，監督準備開除三位同學的學籍了。

我們幾個高年級的同學都急了，有什麼辦法？有什麼辦法？請總教習（陳老先生）來救救他們，就把陳老先請來。他老一聽要開除學生，便「怒髮衝冠」，一口氣跑進監督辦公室，正碰著監督手拿硃筆要寫開除條子（那時開除學生要監督親筆用銀硃寫的）。他老迫不及待地向監督說：「不能！不能！」監督只是不理會，他老更急得「先生，先生不能，不能！」監督才慢慢地說：「本監督自有權衡，該教員無得干預。」他老的無明火自然燒起來了。便說：「那末我辭職了！」這句方說出他老的口，這時我們也混在君子堂裏，所以聽得明白，便嚇得往院子宣佈，總教習辭職了。就有潮湧似的聲音，「陳先生辭職，我們也走！」大家聚起來商量辦法，一面湊出錢來租一所房子，預備暫時安頓身子，一面做了一篇呈文，直到巡撫、布政使、按察使（當時稱為三大憲）那邊去控告這位學正先生。第二天早晨大家向孔子牌位行禮而別。這樣一來，校方就用分化我們的手段，用感情來抽回一小回部分，我們六個師範生除了湯爾和在病外，也都被開除了。可是監督寫條子，不用硃筆而月墨筆，「以示優異。」後來我們還聽到監督寫開除我們的條子，還流下淚說：「我手裏只造就了這幾個人，偏還在我手裏開除他們。」

(三)

說到我的革命思想，是發生在十六歲。那時，我讀了王夫之的《黃書》，黃宗羲的《明夷待訪錄》，和《明季稗史》裏面的〈揚州十日記〉，《嘉定屠城記》一類的書，有了民族、民權兩種觀念的輪廓，這年又碰上了義和團的事變，八國聯軍衝破了北京，就峻深了我的民族觀念，又讀了些孟德斯鳩的《法意》，盧梭《民約論》的譯本，和提摩泰的《泰西新史攬要》（十三年，我代理教育部部務，後藏班禪喇嘛來北京，我去訪問他的時候，遇見了李提摩泰先生，他已七十歲左右了。）一類的書，不知不覺地非要打倒滿洲政權，建立民主國家不可，並且就想找同志了。

在同學裏，湯爾和杜士珍也基於這點上拜了把子，還想向求是書院裏找同志。當時求是書院裏有蔣尊簋、蔣百里、史久光、李斐然、周承菼、許壽裳、錢家治等一輩，我們就想聯絡一起。後來二蔣都往日本學陸軍，我們三傑（這是當時外面稱我和湯杜的，因為我們在養正書塾裏是特班生，我們和周繼善、葉誠然、龔壽康聯起來，又稱六君子，這是同學給我們開玩笑的。那時距離「戊戌政變」不過兩年，所以他們這樣叫我們。）也決意待畢業後往日本學陸軍，不想巴望得可以達目的時候，竟為了抱不平，幫同學，被學校除名了。

我的家貧，我們兄弟姊妹五個，依賴母親十個指頭維持生活的，這樣一來，不但不能再進學校，也不能不解決一家的生活問題了，才跑到上海來幫助蔣觀雲先生（他的原名記不起來了，他是蔣尊簋的父親）編輯《選報》。

那時（前清光緒二十八年），上海是維新派集中的地方，維新派是和平改革派，戊戌黨人裏「碩果僅存」的張元濟先生就在這裏，隱然是個龍頭。革命黨呢，露面的只有章炳麟先生。

蔣觀雲先生是維新派，《選報》不過選取各報裏國內外的重要消息，加一篇論說批評批評政治，形式還是線裝書。

我幫助蔣先生編輯《選報》不久，資方的趙祖德先生（他的別字和我相同。都叫彝初。見面，我稱他彝初先生，他叫我彝初兄，後來我才改為夷初。）想再辦一個刊物，和我商量，就出了一份《新世界學報》，編輯寫文的是我的老師（陳黻宸先生）和同學（湯、杜），不免要帶點革命思想給讀者了，但是真也「微乎其微」，因為刊物雖則辦在外國的租借地的上海，刊物要公開地行銷到內地去的，自然不能「暢所欲言」了。

這時，正是清朝的政治日漸腐敗，英、德、俄、法、日本等帝國主義在中國「為所欲為」的時候，因為庚子以後，清朝的帝、后和「權貴」都怕他們，正是「唯命是聽」了。

但是，知識份子對政治改革的要求日見強調，革命思想灌輸到知識青年，也像油在水面擴充不止，因為革命黨在日本出版的鼓吹革命的刊物，在上海固然容易看到，內地也秘密輸入的了。孫中山先生先生領導的革命行動，常常給人們不斷地刺激。庚子年，唐才常弟兄在漢口起事被殺，（唐先生弟兄死後，他的家屬住在上海虹口什麼路的隆慶里，他的大兒子唐蟒（圭良）年紀比我小幾歲，我們很要好；一天，他和我、杜士珍同往到他的家裏，拜見了他的七十歲的祖父，這位老先生要哭不哭，一種說不出的悲慘樣子子，摩了圭良的頭（那時圭良活像一個寺院裏小沙彌）托我們替他照管照管，聲音低得幾乎聽不出來；（原來圭良還有九十歲的曾祖母在上頭，唐先生弟兄的死信還瞞著她的）也給大家很大的衝動。在上海的維新派或革命派，除了文字工作以外，遇有外交上的事件發生，又是一個工作的機會，因為上海是租界，而前清沒有治外法權，所以我們可以暢言無忌。那時，清朝雖則也有像胡適考據過的「校事」，卻還不懂希特勒、墨索里尼的那一套，差了蔡鈞做上海道，叫他來偵探革命黨，結果，蘇報的案子，還碰了一鼻子灰。

我這時年紀不到二十歲，遇到法國對龍州，俄國對奉天這些事發生，張家花園（現在的泰興路南段就是張家花園遺址）開會總去參加的，張園開會照例有章炳麟、吳敬恆、蔡元培的演說，年青的只有馬君武、沈步洲也夾在裏面說說。遇到章炳麟先生的演說，總是大聲疾呼地革命革命，除了聽見對他的鼓掌聲音以外，一到散會時候，就有許多人像螞蟻附著鹽魚一樣，向他致敬致親，象徵了當時對革命的歡迎，正像現在對民主一樣。

後來，趙先生又別有企圖，我們師生也各有各事，就散了。《新世界學報》也就中止。

湯爾和往日本學陸軍去了，奉天事情緊急的時候，留學日本的學生「鼓噪」了，組織義勇隊，要回國來，請願和俄國開戰，先派了湯爾和、鈕永建回來，向北洋大臣直隸總督袁世凱申說意見，到了保定，見了袁世凱，世凱只給他一個電報看，他們的任務就終止了。因為清朝已得了報告，說他們是革命黨，有密令叫袁世凱逮捕。當時，我在杭州，得到消息，爾和已被殺了，急忙打電報給杜士珍，叫他來商量，我們怎樣去處分他的後事。又給袁世凱「幕府」裏一位魏老先生去信問問情形，（這位魏老先生，是和林琴南翻譯小說著名的魏易的叔父，也是爾和的長輩）得他的覆信，說沒有這回事。原來，他們想通過魏老先生和袁世凱說話，魏老先生勸他們快離保定罷。

我因家庭生活的負擔關係，往來杭州上海，教書寫文。那時，一位廣東人鄧實先生（別字秋枚，現在上海，年紀已七十歲了），獨自辦了一份期刊，叫做《政藝通報》，約我寫文。後來他更有興趣了，又約我和他的同學黃節先生（別字晦聞，他們都是康有為的同學簡朝亮的弟子，晦聞後來在北京大學任教授）辦了一份期刊，名目是《國粹學報》。這個刊物有文藝復興的意義，而鼓吹民族主義的革命很賣力氣，居然風行一時，柳亞子、陳佩忍、章炳麟、劉師培都是革命分子，（劉師培後來拜了端方的門，並且袁世凱想做皇帝，他竟加入了籌安會。）也先後加入寫文。柳亞子、陳佩忍發起組織南社，做同盟會的外圍，我也加入了。這時，我正學做詩，讀了一本《孫逸仙》，就胡謅一首七律，現在只記得末了兩句是：「一擊滿湖煙雨破，誰家天下舉杯看，」因為在杭州遊西湖船裏做的，所以就滿湖兩個字雙關用了。

我是二十歲（前清光緒三十年）結婚的，那時，膽子卻不算小，自己做一副新房聯對，現在也記不起了，末了大概是「卿桴獨立鼓，我揭自由旗」。明年，湯爾和結婚，我送他一副新房聯對，記得上聯的末了是：「快播革命種，」都在杭州裱畫店裱出來，卻沒有遭到危險，因為當時沒有特務。

以後，我在杭州、江山、諸暨、廣州做了幾年教員，在江山縣立中學堂，遇到一件有關革命的案子，原來，江山是浙江邊上的一個縣份，在宋明的時候，文化水準還不錯，到了清朝，乾隆以前，就科舉考試的還不多，據說是因為「故家遺族」反對清朝的緣故，在江山縣誌上載到乾隆時候有一位姓鄭的還為兩句詩幾乎滅族。這種歷史的教育，到了這時，還有人接受他。

一位毛雲鵬先生，是江山數一數二的讀書人，他熱心要辦一個縣立學堂，知縣李鐘嶽商妥，把舊有的「涵香書院」來改造一下，這樣，就得罪了地方上舊派裏靠書院膏火（就是現在的獎金）補助生活的人。毛先生是有革命思想的，他在省城裏買了些清朝皇太后那拉氏（就是西太后）皇帝載湉和什麼什麼妃子的相片回去，他偶爾在那拉氏的相片上寫了西廂記裏一句：「我見了也消魂」，給他們設法拿走了，就告到縣裏，說毛先生是革命黨，在皇太后相片上寫這樣的東西，便是「大逆不道」。

知縣李鍾嶽是山東人，是個「忠厚長者」，做官也還不差。他曉得這裏面的緣故，但是，案子太大了，他不容易明白地幫助毛先生，況且他的頂頭上司衢州府知府是個滿州人，更使他棘手了。他趕忙設法把對方緩住，而對方還威脅他說：「知縣辦不了，我們上府裏去告。」

毛先生自然也沒有辦法，因為憑據落在他們手裏。那時，我替他寫了辯文，只說皇太后皇帝的「御容」，並沒有明令頒發出來，民間無從得著。這個固然不夠替他解釋，但也有點道理。我又和本地人同事兩位，在夜裏跑去訪李知縣，給他說利害，如果這事不能消弭，你的「處分」也不小。第二夜他來回訪我們，他說：「請你們告訴毛先生家裏，我決要把這件事情消弭掉，叫毛先生暫時避開一下，我就要上府裏去，上祝道臺的壽，道臺是我的同鄉，我和他的少爺又要好，必定想個辦法。」後來果然叫毛先生出了一百擔穀，就了事了。

有了這件事情，毛先生自然不能再辦學校了，我也回了杭州，下半年去廣州，這是前清光緒三十二年的事，這時我廿三歲。

我到了廣州，先在兩廣師範館，後到兩廣方言學堂，都是教書。方言學堂的學生，有許多加入同盟會的，如朱執信、林雲陔自較知名，卻有一個怪人，他並沒在方言學堂畢業，中途就去了，這人姓廖、名容，惠州人。他離開了學堂，去加入洪門，辛亥革命時候，他在王和順部下，後來王和順做了惠州鎮守使，他當了袁世凱總統府顧問，他卻是有懷抱的。且等後邊再講。

我在方言學堂三個年頭，實在沒有什麼貢獻，學堂的前身是個遊學預備科，請過日本教員，還留下許多日本軍刀，據說是體操教員用的。我向來弄弄過什麼開四門一類的玩意兒，也就借此溫習溫習。後來又和幾個同事在休息日子去到長堤遊玩，總是騎馬往來，我又練習騎馬，居然可以不用控轡踏鐙，大跑而特跑，這都是我有用心的。可是，有一次把我嚇壞了；這次大約是春秋佳日，我們同事高興去玩息鞭亭，一夥八個人，個個跨上牲口，他們都是不會騎馬的，各找了駑馬代步。我卻出風頭了，馬保把他們選賸的，其實也只有這一匹白馬，神氣的確不凡，我沒有曉得他的性子，因為向來沒有碰到這樣出色的，一搭他的背，就坐上了，那曉得他不等指點，出了馬棚，一口氣自由地向息鞭亭大跑而特跑，我拼命地勒住韁繩，連偏韁也勒緊了，他的頭至少有七八十斤重，可憐我把全身的力氣用盡了，還要照顧踹死別人，但是，竟沒有辦法控制他。可是十里長途，不過兩分鐘就到了息鞭亭外，我正怕跑進遊人聚集地方，收勒不住，怎樣得了？幸虧有一個馬保早看見了，他就做了一個耶穌在十字架上的姿勢，說也真怪，我這坐騎到了他的面前，動也不動了。我在馬上雖是心驚膽落，可也覺得滿身舒服，向來騎馬不曾遇著過。回來時，我沒有勇氣和這匹神駿鬥法了，我硬請一位同事調換一下。可是，我騎著一匹可憐得很的腿又粗、軀又長的劣馬，仍就怕他有什麼怪脾氣，而那位同事坐在這匹神駿上閒暇得很，這匹神駿也絕不離開隊伍，不過有個馬保押住了他。

從此，我幾乎不敢騎馬了。這年，正是清朝末代皇帝溥儀的宣統元年，方言學堂的監督是我的老師陳黻宸先生，他當選了浙江諮議局的正議長，要我回杭州替他幫忙，而且杭州兩級師範學堂也找我當教員，我就回了杭州。那時，杭州有一個秘密組織，我的朋友參加的不少，常在廟宇或祠堂（如西湖裏三潭印月的彭公祠）裏秘密會議，我也有時參加，但沒有什麼作為。我有一位宗文義塾的同學楊廷棟，後來改姓名做顧乃斌，從武備學堂畢業，做了營長，我和他常在火車站小茶店碰頭，他坐茶店是有點顧二娘賣人肉的派頭，我們也在這裏談心，好在那時沒有特務。

（四）

話要說到「辛亥」年了。這年夏天，湯爾和為籌辦浙江醫藥專門學校到日本去，我跟他到東京一玩，但是，我不能說日話，他又不常在東京，因此，我就窘了。我的目的要找章太炎先生，我和章先生，論親他是長輩，論年我是後輩，不過如上文說過的，在上海為國事運動的時候，我們是時常碰頭的，所以我們是誼在師友之間。那時，他住在東京一個鄉間，和他的大女兒章㸚、女婿龔寶銓同居，裏外不過十多張席子的地，章先生和我算有凳子坐的，龔寶銓就日本式的坐地了。他和我談得火熱，定要留我吃午飯，飯是白潔得不能再白了，但是，配飯只有一碗大蒜煎豆腐，是我們杭州家常小菜，我覺得使他享受這樣地生活，是為什麼？我和他談起國事，他自然仍是革命、革命的一套。我請他介紹入同盟會，他答應了，但是他卻想回國。我許他回國後和陳老師商量辦法，因為陳老師和他是好朋友，他的第一次逃亡台灣，是由陳老師得了清朝要逮捕他的消息通知他的。這時，陳老師做了諮議局議長，或者可以想點法子。我回來以後，自然也給陳老師商量了，恰巧這年浙江大水，浙東很鬧亂子，章先生的故鄉餘杭縣也有水災，而且也鬧事，怕他在這個時候回來，於他不便，我當時就回信給他說明，請他等一等。

這年，正是清朝的運氣不好，盛宣懷做郵傳部尚書，要把商辦鐵路收歸國有。滬杭甬鐵路原是從外國資本家手裏爭取回來，由江浙人自己籌款辦的，辦的也相當不錯。鐵路局總理是一位浙江有名的湯壽潛先生，他是翰林出身，老虎班（翰林散館放知縣，照例馬上得缺的，俗稱老虎班。）安徽××縣知縣，他老在八股裏議論時事，文章也做得出色，而且另外做了一部《危言》，也是大談國計民生，尤其是討論鹽務，所以「名滿天下」，那時和做中國歷史的夏曾佑先生是浙江雙璧。（夏先生也是老虎班安徽知縣。）他們都是辭官不做，所以名氣更高，所以湯老就被推舉做了滬杭甬鐵路局總理。

江浙人為了反對滬杭甬鐵路收歸國有，鬧得「不亦樂乎」。清朝耍一耍手段，把湯老放了××鹽運使，這是調虎離山的計策，江浙人卻留他不放，湯老也不肯去，清朝就把他革職了。這樣一來，正是火上加油，這時，爭路的代表由京回杭（沈玄廬就是代表的一個），鐵路局開股東大會，我和湯爾和、樓守光（諸暨人，諮議局議員，現在《評論報》社社長樓兆揭的父親）想把擴大事態來送清朝的終，我和湯爾和都是窮光蛋，守光也不是豐裕的人，想在大會裏去發生作用，引起革命。可是沒有股權進不去的，守光想了辦法，借得幾個股權，便參加了大會，這次會場就被我們控制住了，一致主張挽留湯老，反對收歸國有。早預備好了替盛宣懷捧場的人，都不敢吐一吐舌頭，那時有人這樣說：「這次股東會是為三個小老頭兒開的，」因為我和爾和都養了長鬚，守光也有鬍髭，但是，論年紀我還不到三十歲。

一會兒，武漢起義了，我們三個就借這個因頭，和陳老師商量，在省城辦民團。表面是自己防衛，實際預備響應，陳老師自然贊成，就聯合了商會紳士發起。在諮議局開成立會，公推湯老做總理，陳老師做副的，請巡撫下照會。我們擬了辦法，三個人分任城裏上中下三段的重要職務，並預備要一匹馬，做巡夜的代步。爾和是長在江北，江湖上武藝很來得幾手的，自然要讓他做領導了。我們雖然計畫內定了，可是民團必須有槍械才有作用，一面正式向巡撫去要，一面和督練公所總參議袁思永去商量，請他把儘新式的撥給。原來袁思永是湯老的門生，而陳老師是諮議局議長，他一口承擔。但是，不曉得怎樣走漏了風聲，巡撫增韞（蒙古人，溥儀做「滿洲國」康德皇帝，他是侍從長。）把照會擱起來，杭州的駐防守軍也把新式槍械都提了去，這個民團局就成立不起。

我們又想別的路子，等到上海光復了，我們到上海來向民立報館找于右任，右任告訴我們，浙江的革命機關在振華旅館。我們要找褚輔成，遇不著，那時，近處富家都紛紛逃難到上海來，我們往來常住的漢口路上海旅館，擠得一個舖位也沒有，而我們袋子裏也「空空如也」，只得仍回杭州，我把外祖母，母親和我的妻子都送到鄉下，一個人守了一所住宅，恰好一個出裸弟兄（杭州叫鄰舍從小一起的做出裸弟兄。）程途，他是武備學堂畢業，在標統朱瑞部下當個排長，他在夜裏趕來告訴我，一兩日內杭州也要動了，這是標部裏的消息，他說：「我還要趕回營去。」

那時，陳老師也有一個姓葉的處州軍人，和他老去談光復浙江的事，無非大家取得聯絡；不想程途來報告我的這晚就起事了，在先，陳其美曾來杭州（上海光復以前），找朱瑞約另一個標統周承菼商量。到了這時，朱瑞剛才請假不在杭州，周承菼部的顧乃斌在巡撫衙門東邊買了一塊空地，預備包圍巡撫衙門的時候，計算增韞必定從這裏打通牆壁逃亡的。果然不出所料，就把增韞擒獲，送在我的舊住宅相近關王閣東首全閩會館看守起來。全城（除了駐防。）文武自然不消說得沒有反抗的了。據我曉得，勸業道董元亮也是打通後壁，由管驛後逃走的。

第二日（陰曆是九月十四日，推算國曆一時記不起了。）大早，我急忙趕到諮議局，副議長沈鈞儒已在陳老師臥室裏談夜裏起事的情形。沈先生因為當時布告上的都督童伯吹，實際是並無其人，就說，我們須得把湯蟄老（即湯壽潛。他的別字叫蟄先，那時在上海）找回來，就由我起了一個簡單的電稿，陳老師、沈先生和我的名字都署上，沈先生還加上一個褚輔成，也就由我送鐵路局去請他們代打。

當時就有一部份軍隊方面的人，到諮議局來辦公。他們要辦公，可是一顆印信都沒有，我便去刻了一顆「浙軍都督府都督之印」，立刻應用起來。最要緊的是封查倉庫，但是人手簡直太少了，我便攜帶了封條，向大清銀行、布政局、鹽運司等衙門次第封了。在藩司前（地名，布政司衙門口。）遇到一排人駐紮著，排長徐允中和我說，子彈不夠了，請你告訴一聲。當時提學使是袁嘉穀，雲南人，（後來他加入國民黨，任第一屆眾議院議員。）和我有點私交，我隨便去看他一下，他想當天離開杭州，請我照應一下。

這日下午，我因為到車站去接湯蟄老，就在車站先和顧乃斌談了一下。這時，顧乃斌負了駐守車站的任務；我從他曉得都督已換了周承菼了。一會兒，上海車子打了白旗進入車站，湯老隨帶了張竹生和另外兩個人一同下車，直到諮議局。夥頤，一間普通接應室裏，人頭攢動，劈頭聽見說話的是駐防協領貴林的口音，我引湯老一行，排開眾人向裏走，迎面的就是周承菼，八字式坐著，佩刀地上立著，兩手捧住了刀柄，懍然是個大將氣概。陳老師和貴林對面坐的，湯爾和坐在周承菼右邊，任臨時的書記，紙上已經寫了不少條款。原來貴林是代表駐防出營來議降，他也全身「命服」，最惹人注目的是兩根雪白的忠孝帶。他到侃侃不屈的在爭某些條件，似乎難得解決。他看見湯老到來，立刻就說：「蟄老來了，蟄老怎樣說，我無不依從。」這時，周承菼卻不做聲，起身迎讓蟄老就坐，蟄老像煞自己是都督了，毫不謙讓，草草看了一遍條款，就說，「便這樣，我簽字吧，」一提起筆來寫上他的大名。這樣一來，大家都無話說，一場議降會議，就此告終。但是，湯老就算是第三任都督了。

我不曉得為什麼事離開了諮議局，直到晚飯以後，再到諮議局，湯老一個人踽踽涼涼很無聊的樣子，這時，褚輔成在機關部，沈鈞儒是在臨時擔任警察局長，都沒有和湯老見面。一會兒張竹生來了，請湯老著手組識都督府。湯老開了一張名單：民政司長陳黻宸，財政司長張竹生（他的大名我忘記了，竹生是他的別名），教育司長沈鈞儒，褚輔成是什麼長，我記不清了。我和樓守光都是秘書，但是，怎樣發表？外邊槍聲常常掠耳而過，原來，旗營還被圍著，駐防也不肯降，據說下午的會議的條件，不能算數。湯老叫我和樓守光出去打聽打聽。我從回回新橋走出大街，落北向官巷口走，一路十個五個的兵把旗營包圍著。正到官巷口，在一盞路燈底下，被一位排長看見了，叫一聲：「先生，前去不得了，迎紫門上有守軍，不時放槍呢。」我聽聲音，正是我在養正書塾做師範生時候教過的學生傅孟，（他在書塾時候的原名，我記不得了，這是他進武備學堂改的名字，他和黃郛是拜把的。）我問他怎樣了？他說：「還不肯降，」我也就折回了。湯老叫我起兩個草稿，一個是給湖北都督黎元洪的電報，一個是豁免全省錢糧的文告，後來是不是用的我的草稿不曉得，豁免錢糧這件事，幾乎使財政上沒有辦法。因此有三百萬的省債。

第二日早晨，我因為要去安慰一下母親，到鄉下去了。在鄉下多耽擱了一夜，再回城裏，局面全不同了。湯老固然正式做了都督，但是沒有實權，而褚輔成做了民政長，是和都督平行，和湖北、江蘇等都督府的官制不同的。貴林和他的兒子都被槍斃了。原來，駐防不肯投降，革命軍駐紮在糧道山上的，大砲對著旗營南頭什麼門上，砲臺要取攻勢，他們還想發砲抵抗，幸而他們砲上的門子早被革命軍方面叫幫裏的朋友張子廉（現在是洪門的大哥）想法卸去，那門砲就沒用了，因此，終於投降，只把許多槍桿向河裏丟。

話說貴林，他的母親是節婦，相當給他一些舊式教育，叫他結交「知名之士」，所以他對宋恕，幾乎是師事的，（宋恕別字燕生，又號平子，是一位博學而且詩文都注意近代化的。他和章炳麟都是俞樾的學生，和梁啟超一輩維新、革命黨派的知名人士，多有交情。這位先生很像後漢的郭泰。前清的重臣李鴻章，是他妻父的門生，想叫他做官，不敢出口。他做了一本書，名叫《卑議》，李鴻章說，這叫卑議？我看來太高了。）由宋恕又結交了陳老師，他在旗營裏有聖人的綽號。他是一個滿洲人裏的開明分子，自然，一般的種族觀念他也有的。那時，杭州駐防裏，還有兩個知識份子：一個是三多，蒙古人，他是詞學大家譚獻的學生，一個是金梁，他是溥儀稱許他像於少保的。他的阿哥是杭州駐防的協領，（貴林是補他的缺的。）他和杭州的革命史上卻有關係。

浙江大學校址的前身，就是求是書院，（後來改稱浙江大學堂，最後改做浙江高等學堂。）當我在養正書塾讀書的時候，陳老師給我們同學啟發了革命思想，陳老師又介紹了宋先生到求是書院當總教習。宋先生對言語是萬分謹慎的，但是，他和陳老師一樣，會在古書裏發出新義，叫人們自然會走上這一路去。那時求是書院還有一位教員叫孫江東，有革命思想的。他偶然在暑假裏出了一個題目，叫〈罪辯文〉，教學生做。學生裏有史久光（江蘇溧陽人，辛亥革命後在參謀本部任第四局局長。）、李斐然（辛亥革命前任周承菼標部的參謀。）都「大放厥詞」，斥責清朝。（有人說不是李斐然，是一位姓施的。我和他們都是朋友，到竟沒有向他們問個明白，因為當時不想寫歷史文字。）孫江東還嫌他們文章裏「本朝」兩個字不行，給他們改做「賊清」，不想被院裏的旗籍學生曉得了，報告了金梁，金梁通過他的阿哥，報告到將軍那裏，將軍就請巡撫查辦。這是一件「大逆不道」的事情，巡撫怎敢怠慢，但是，他曉得一經查辦出來，除了幾個活該的外，從他起直到芝麻綠豆大的官，都要擔著處分，不是玩意兒的。所以他很謹慎，先把這件事秘密起來。

這位巡撫是江蘇宜興縣人，姓任，名叫道鎔。是個正途出身，究竟讀過些書的。一日，他並不鋪排他的文武執事，開鑼喝道，（前清在任官員出門，先有兩扇「肅靜」、「迴避」的頭牌，再把他的在任官銜如浙江巡撫部院，除了巡撫浙江部院，還有兼管兩浙鹽政，節制水陸各鎮等等官銜牌子叫做執事，再有紅黑高帽子的皂隸，敲起大鑼，哦、哦地叫，叫做喝道。）只帶了一個當差，青衣小帽，坐了一乘普通轎子，（巡撫照例是坐紅呢大轎，四抬四插，）一直到了求是書院。他也不待通報，先看了各處書院的布告和齋舍壁上黏貼的學生文課作品，然後再請「監院」把學生平日作文檢來帶走，說是要考察考察他們的成績，那時，大家並不以為有什麼大事。

過了幾日，巡撫率領的兩司（布政司、按察司）二道（杭嘉湖道、督糧道）一府（杭州府）兩縣（錢塘、仁和）都是全副執事到來書院，才叫大家驚奇了。（向例書院沒有大典禮，他們不會一齊來的。）巡撫召集了書院的當局以下，在嚴肅的狀態底下，宣佈他本日來院的任務，是有本院旗籍學生告發本院學生有悖逆文字，所以上次親身來院查訪一下，帶去書院的布告和學生的作文，都經自己一樣一樣仔細地過目了，確實並無點悖逆文字，可見是誣告的。在這時候，還有挑撥滿漢意見，希望「大興文字之獄」，實在不是國家的福氣，該當嚴辦誣告，姑念這些都是年輕沒有知識的，馬上就命仁、錢兩縣，把院中旗籍學生勒歸營裏，又命杭州府去告將軍，請他懲辦，才後向袋裏取出紙卷，叫司道以下看完，還給監院而去。

這場大事，竟化做無事，不能不說這位巡撫心地厚道，辦事能幹。如果落在現在官吏手裏，只有擴大事態，多殺青年來邀功了。不過旗籍學生的來書院讀書，是受貴林們鼓勵的，這件事可是實在有的，不過真憑實據沒有落在他們手裏，只好認錯息事，心上當然很不痛快的，後來孫江東被人告了風化案子，貴林就在後面支持原告，鬧得孫江東在杭州不能立足。這時，駐防既然投降，貴林連同他的兒子也被槍斃，他的罪狀是抵抗革命，貴林因此反得了清朝忠臣的名譽。其實據我所確實曉得的，貴林在武漢起義後，他曾請教於陳老師。陳老師告訴他：不可拘執「君臣之義」，應該看在老百姓分上。並且老實告訴他，清朝的政治太腐敗，沒有希望了。他回去把陳老師的話告訴了他的母親，陳老師是見過他的母親的，貴林又邀了陳老師去見他的母親，陳老師又懇切地說了一番，並且說將來有事，只要你們不抵抗，總可以保證你的生命安全的。他的母親就對貴林說，陳先生是至誠的君子，你得聽他的話。貴林在旗營裏有孝子的稱呼，這時也沒話說。在圍營的第二日，陳老師和樓守光商議，由守光設法進營去和貴林接洽出來議降的。（這節事不是我親自聽陳老師和樓守光說的。）那末，他實在不是要替他的主子盡忠的，他的死算成了他《清史》上的名。

這時，江蘇巡撫程德全也宣告獨立自稱都督了，程德全的宣告獨立，是我的一位世交長輩應德閎先生（現任律師朱應鵬的本生父親）和江蘇督練公所裏的幾位湖南人張通典（邵元沖的太太張默君的父親）、章駕時、羅告子和我的同學杜士珍幹成的。應先生的父親，曾做過江蘇布政使，後來應先生也去江蘇候補知府。辛亥那年，他新過了道班，他在程德全幕裏很被賞識的。布政使陸××升了陝西巡撫，程德全就派應先生署理布政使，著實叫當時的按察使和一班老的候補道難看。程德全竟被御史參了一本，說他不合以未引見道員巡署布政使，（清例，道員未曾引見，不能正式任官的，引見就是由吏部或軍機處帶領去皇帝。）這樣「一箭雙鵰」，把個應先生前途丟了，程德全也碰了一鼻子灰，加上上海都督陳其美要移師北伐了，所以給章駕時等一湊，就宣佈獨立，應先生做了都督府的秘書長，杜士珍也在都督府任職，邀我去蘇州一走。我到蘇州，他們要我在上海辦一份日報，我就擔負了這個任務，在福州路找了一所房子，頂備起來。

這時，章炳麟先生已由日本回到上海，同來的有他的學生，幾位四川人，其中一位就是現在重慶民主運動裏的鬥士黃墨涵先生；（他名叫雲鵬）都住在愛儷園，——哈同花園。我每日都和章先生去商談。袁世凱叫馮國璋攻破了漢陽，上海各報不敢發表，因為那時人民寧信《民立報》為宣傳捏造的消息，而對於真實的如革命失敗的消息，就會打毀報館的，《申報》、《新聞報》就被打過，這是民意的測驗。章先生卻得了黎元洪的電報。章先生氣得給我的信上竟稱黃興做逃帥。我那時就由應德閎先生給章先生和程德全拉攏了，為的是要北伐。因此，這份報紙取名《大共和日報》，請章先生做社長，杜傑風任經理，我擔任了總編輯，章駕時、汪東（章先生的學生）都是編輯。（章駕時因軍事關係，給終未到。）

（五）

湯爾和、黃群和某（忘了他的姓名。）都在這時由浙江都督派赴湖北和黎元洪議事。那時，湖北因為是起義的地方，成了革命的中心，黎元洪也成了領袖。可是，孫中山先生也在這年冬天由英國回來了，各省便商議擁護孫先生組織臨時中央政府，由十七省代表在南京票選孫先生做臨時大總統，黎元洪做副總統，湯爾和是以議長資格授孫先生大總統證書的。這樣，就促成了南北的統一，因為清朝是已把政權交給了袁世凱，袁世凱曉得打是打不了的，心裏也羨慕著總統的虛榮，所以雖則也做了許多姿態，而實際他早已準備把清朝的江山結果了。

湯蟄老在浙江，因為環境做不下去了，樓守光的哥哥樓守愚和蔣尊簋的父親是同鄉，又是好友，蔣尊簋的父親和湯老也是朋友，他們兩弟兄就替湯老去找蔣尊簋來做替身，湯老和孫先生說了，自然沒有不妥的。一日，樓守光來向我說，本晚蔣尊簋專車回杭，叫我約了應德閎先生同去，要應先生做秘書長，我任秘書。當夜就是蔣尊簋和應先生、樓家弟兄、和我、還有一個是蔣尊簋的學生夏超，一同回杭。蔣尊簋就走馬到任，接了都督的印，蔣尊簋是做過浙江標統的，和周承菼是同學，自然一無問題。可是，應先生為程德全的不放他走，並沒有就秘書長的任，我卻在秘書處混了幾個月。到了樓守光由都督府印鑄局長出去任衢縣知事，我補了他的遺缺。印鑄局的公報總纂杭辛齋先生和編輯邵飄萍和我鬧一點過節兒，印鑄局改了公報處，我改任經理，我卻就此「還我初服」，仍回浙江第一師範學校教書了。這時是中華民國元年，我二十八歲。

明年，湯爾和在北京創辦國立北京醫學專門學校，邀我去當國文教員。我覺得革命成功了，我本來不曉得政治，不過推翻滿清好像是我不能辭謝的責任，我雖則不曾參加革命的重要工作，也盡過些兒力量，現在滿清被推翻了，革命的目的達了，以後是怎樣建設中華民國了，應分讓「學有專長」的人們去做，我還是做教書匠，在我的崗位上工作吧。況且我總算生長在「仕宦之家」，幼年曉得文天祥是個狀元宰相，盡忠報國的人，很羨慕他，所以也想中狀元、做宰相，後來被革命思潮打銷了這個觀念，從讀了皇甫謐的《高士傳》，《後漢書》的〈獨行傳〉和〈逸民傳〉，配合了什麼「不事王侯高尚其志」和「日出而作，日入而息，鑿井而飲，耕田而食，帝利何有於我哉」，就想做一個高人逸士，也想做個俠客，從陳黻宸老師讀書的時候，他老給我談些社會主義的大概，後來又讀了俄國的無政府主義者托爾斯泰的傳記，都給我的思想有很大的陶鑄的影響。所以在這時，我便不問一切，只做教書匠了。

在上年，章炳麟先生和趙竹君（偽政府的什麼部長趙尊獄的父親），應德閎在上海組織一個什麼聯合會，（名稱忘記了。）託我在杭州替他們組織分會，我替他辦了一下，但我自己卻「超然物外」。陳老師是加入統一黨的，也叫我幫過他私人的忙，而我也依舊「超然物外」。後來，有人說我是進步黨人，（大概是《語絲》裏）大概是這些原因。其實我的師友在進步黨的確不少，我終究沒有踏入他們的門檻。也就因為如我上面所說的，我自己別有一個志趣。

我在國立北京醫學專門學校教書，真是什事也不問。那時，由湯爾和認識了一位老鄉，這人姓邵，名叫長光，別字裴子，（十七年，他代蔣夢麟做浙江大學校長，就用裴子做名了。）他是求是書院學生，轉到南洋公學，又到美國學經濟；但是，他卻最歡喜弄中國的金石書畫，他是用科學方法研究的，又有特別的眼光，所以精於辨別，卻又不是一般舊式賞鑒家或古董鬼。他特別對於寫字有研究，和信姚配中的翻絞兩法。他自己寫字，雖則不盡能應用他的學理，我的寫字卻受了他的指導。我又發明了寫字不但要運腕，還要運肘，不但要運肘，還要運指，不但要運指，還要五指齊運。我寫了二十首〈論書詩〉，把我寫字的方法寫出來，都得他的「首肯」。

每晚，他總來到醫校，和爾和、我，上天下地，無所不談。橘子、長生果是幫助我們健談鋒的。但是，好景不常，袁世凱想做皇帝了，他把現金都挪用到運事上去，鈔票不能兌現，中國交通兩行的紙幣，價值跌到五折以內，公教人員，叫苦連天，那末，這種「風雅之談」，就此擱起。

這時，有一件案子，是袁世凱收拾應德閎先生的。原來應先生在元年做了江蘇民政長，（黃炎培先生就是那個時候的教育司長）剛剛碰到應桂馨暗殺宋教仁，這件事是袁世凱叫人幹的，應先生把宋教仁被殺的情形通電全國，大家都曉得政府是個「嫌疑犯」。袁世凱因此恨死了應先生，就借一件公債案子，查辦他。應先生被平政院傳到北京，住在白廟胡同的大同公寓，公寓門口站了一個員警，叫他失了出入的自由。他的通信也受檢查，有時是我替他帶給東交民巷的郵政局發出，因為使館界裏的信是不檢查的，這也是一件故事。應先生雖則幸而無事，但是不敢再做官了。

一忽兒到了中華民國第四個年頭了，袁世凱把他的爪牙佈滿了全國，他以為皇帝可以做得了，叫他的美國顧問古德諾，日本顧問有賀長雄替他主張中國是適宜於君主立憲的，再找到中國頭一批的留學生譯《天演論》和《原富》一類的書，還當過京師大學校校長的嚴復，著名的國學大師劉師培，辛亥起義時候湖北都督府的××司長胡瑛，著名的政客前清四品京堂楊度，辛亥革命時候××地方的軍事長官李燮和（並非江西都督李烈鈞先生），還有一位是辛亥革命的安徽都督孫毓筠（那時，安徽還有一位都督是柏文蔚先生），這們六人發起籌安會，當時稱他們做六君子，這個籌安會，原是替袁世凱籌備皇帝「即位大典」的。

籌安會發表的頭一日，我聽說劉師培來了，我不曉得他是來發起籌安會的，很歡喜地就去訪他，因為他和我是《國粹學報》的同事。可是，見面以後，他就提出一個問題，他說：「我們做文章要記年的時候，總寫什麼甲子、乙丑，但是甲子、乙丑六十年一轉，那末，便弄不清楚了。元年二年地下去也不方便。」我便馬上答覆他，這有什麼問題，用什麼什麼記年，是漢武帝才起的，漢武帝以前寫文章的沒有發生問題，歐美各國用耶穌降世紀年，到現在一千九百多年，也沒有不方便。他聽我這麼一說，便沒有話了。第二日在日報上看到籌安會發起人，這位國學大師名在第六，因此恍然大悟，怕他要給袁皇帝擬「年號」了。果然，不久，「明年著改為洪憲元年」的令就下來了。

袁世凱要做皇帝，卻不敢公然「我自為之」，他又學王莽故事，叫各省「紳士」「歌功頌德」，「上書勸進」。他看中了兩個有名的文人學士：一個是湖南王闓運，一個是江蘇繆荃孫，這兩位白髮公公，我和他們都有「一面之緣」。說起王闓運，他在晚清歷史上很有關係；原來清朝的皇帝奕訢（咸豐）死後，兩個親貴掌握政權，一個叫端華，一個叫肅順，肅順比較端華有才具，王闓運是他府裏的教書先生。太平天國革命勢力一日強盛一日了，清朝有點「愁眉莫展」，王闓運向肅順建議，叫他重用漢人，便推薦了曾國藩。（曾國藩雖則是他保舉的，但曾國藩還看他不起：曾國藩做兩江總督的時候，他去訪問他，兩個人坐在坑上，（前清官場儀節，平等待遇，才同坐坑，下屬便不得升坑了。）他「高談闊論，目空一切」；曾國藩卻拿指頭醮了茶，只在坑几上寫，妄人妄人。）曾國藩便訓練湘軍，叫他的學生李鴻章訓練淮軍，居然打平了太平天國，給清朝保全了一統江山，王闓運就做了一部《湘軍志》，大家都稱讚他這部書。他本來會做「駢體」文，會做「選體」詩，因此「文壇」上有他的地位，這樣更加重了他的名譽。

但是，他雖然中了「舉人」，卻不能「三考連捷」。（三考是鄉試、會試、殿試）他脾氣又大，以為總有人會用他，不肯出錢買官，後來還為一件什麼事，就更不能得志。（似乎就因為是肅順的人）所以直到清朝快亡，才賞給他一個翰林院檢討，他的歲數已近八十了。到了中華民國，他自然是「國之大老」了。袁世凱因為他是他父親的朋友，把他請到北京，叫他做國史館館長，（這時，國務總理是熊希齡，是他的老鄉，可是他的後輩，國務院設在中海的集靈囿，熊希齡請他吃飯，陪他逛中海，他問這是什麼地方？熊希齡說是集靈囿。他說：「呵，四靈除你鳳麟龍」）。禮待很為隆重。他住了一晌，便回原籍，就有電報「勸進」，可借電文我忘記了。（他的勸進，據說是楊度替袁世凱幹成的。）

繆荃孫是清朝翰林，他也是少年有名，詩文都還不錯，尤其金石版本，校勘的學問，是他專長。他在江蘇算是前輩了，他的「勸進」據說是袁頭（袁世凱時候的銀幣）三千的功效。

此外，各省的紳士「聞風而起」，袁世凱自然「不亦樂乎」。那時，各省武官最大的是督辦軍務，文官最大的是巡按使，頭號漢奸王揖唐，名叫一個賡字，袁世凱因為他辦統一黨，替他拉攏了很多「攀龍附鳳」的人，就叫他做奉天巡按使，他就第一個在公文上稱「臣王賡謹奏」了。此外，我為存些厚道，恕不盡說。

袁世凱看得「人心歸往」，便先把副總統黎元洪封做「武義親王」（他先和黎元洪攀親）督辦廣東軍務龍濟光封了什麼「郡王」，海軍總長劉冠雄封了什麼「公」，此外，「侯」、「伯」、「子」、「男」不消盡說。那時督辦安徽軍務倪嗣沖要奪頭功，特地繡了一件黃袍，（這件黃袍，仍就由倪嗣沖帶回，他因為袁世凱不識相，便一逕送了譚叫天的徒弟唱老生的劉鴻聲。）親送到京，請袁世凱就登龍位；袁世凱還要看看風色，想在五年「元旦」才稱皇帝，不想經界局總裁蔡鍔一溜煙逃出北京，逕往雲南，袁世凱終究有點虛心，不敢放膽胡來。

蔡鍔原是梁啟超的學生，又是革命黨，這時，梁啟超和袁世凱分手了，而且還反對他做皇帝。袁世凱對蔡鍔分外注意，在經界局和他的住宅左右，都分布了警察和特務。蔡鍔卻照常辦公，到晚卻溜入八大胡同，（北京妓女聚集的地方，什麼石頭胡同等等）「沈湎酒色」，結識了一個漂亮妓女，「樂不思蜀」。早有特務報告了袁世凱，袁世凱對他才放些心。但是蔡鍔趁他防備略鬆，離了北京，到了天津，就和梁啟超商議倒袁。他就在這年十二月廿五日在雲南起義討逆了。

那時，天津會議的人裏面，有一位陳先生，名叫敬弟，別字叔通，他是清末翰林，中華民國第一屆國會議員，副總統督辦江蘇軍務馮國璋請他做副總統的顧問。他有一個朋友叫胡嗣瑗，也是前清翰林，（後來溥儀復辟，他做起內閣裏什麼不大不小的官了）正做馮國璋的秘書長。他拿顧問的資格要了幾張「印電」紙，（機關裏發電報的紙，預先蓋好機關長官的官印，）到了上海，便發電給西南各省的軍政長官：廣西陸榮廷，貴州劉顯世，四川陳宧，都以為馮國璋在暗裏主持著的，就一齊回應了。袁世凱聽到蔡鍔起兵討他，已經慌了，加上他的「心腹之臣」陳宧，也參加了義軍，這一急非同小可。

（六）

說到袁世凱想做皇帝，還有一段外交上的關係。上面提到的美國顧問古德諾，還不算什麼；實際慫恿袁世凱做皇帝的英國公使朱爾典。那時，英國和日本則結了英日同盟，但是對中國的權利競爭，日本是不放鬆的。他為對付英國起見，卻反對袁世凱做皇帝，廿一條固然「是乘勢要挾」，他還正式向袁世凱提出了反對他做皇帝的警告，蔡鍔的能夠安然回南，也得日本一些幫助。

在這年穿夾衣的時侯（大概上半年），我和我的太太去逛天壇，忽然遇到兩人：一個「風姿昳麗」，秀眼「虬鬚」，衣服整齊華美，一個瘦黑短小，鄉氣十足。那個「風姿昳麗」的急急地走來，向我口稱老師，我記不起他的名姓，面孔也並不很熟。他便自己說是從前兩廣方言學堂學生廖容，我覺得對的，是有這個學生。他又把那個鄉氣十足的介紹給我，叫他向我行禮，說是他的弟弟廖毅。我很注意了一下，怎樣弟兄兩個相差得這麼多？廖容問明我的住處就分手了。

過了不久，他們來訪我了，禮貌非常恭敬。廖容說他在總統府任顧問，住在西門外什麼胡同惠州郡館，請教我該讀些什麼書。據他說，願意研究歷史，曉得國家興亡的道理。他的弟弟和他一樣，也要多讀書。我很奇怪，他們這麼好學？後來我去回看他們，一進住屋，便見四面皆是「史部」的書籍。廖容便問我讀書的方法，我問他有什麼志向，他說：國家沒有大定，想求點「應世之學」。我很稱讚他一番。他後來又來看我，方說出離開方言學堂，是為了要推翻清朝，便入了洪門，洪門就是俗叫三點會的。他們以後常常來看我，問些國家事怎樣辦？到了這時，（四年冬）我問廖容，袁世凱要做皇帝了，你怎樣？廖容說，回廣東去。我說，光是回廣東？廖容便說，老師想怎麼辦？我問他，你從前的舊部還在？不能再起兵討逆？廖容說，可以的。我說，你回去就能召集？他說，只須三日就召集了。我很詫異，這樣容易？我問他，他說，我往各人家裏送一名片，我回家的信息就傳遍了，他們自會得來的。我穿草鞋，三日便可走遍。我就叮囑一番。後來我回南了，突然得到廖容從廣東來信，要我寫一篇討袁的文字。我用「駢體」寫了一篇〈檄文〉寄去，他曾在香港報紙上，發表了。後來曉得他曾糾集七營的兵，隨同西南各軍討逆。

這年的下半年，（四年）北京大學請我在文學院任教課。那時，章炳麟先生被袁世凱軟禁在北平東四牌樓的錢糧胡同，住宅是前清小貴族的遺產，著實堂皇。可是除他本身以外，一概由員警總監吳炳湘包辦。大門口呼么喝二的便衣警察五六個，算是他宅子裏的門房。可是「上房」裏只有一個聽差，還帶司廚。客人呢，起初只許兩個人進去，一個是清史館纂修北京大學教授朱希祖，是章先生的弟子；別一個我忘記了。後來馬裕藻、錢玄同、吳承仕和我都陸續可以進去了。我有時在北大上課後去看看他，有時我星期日去看他，一談就是一天。有時他還要我吃了晚飯走。說起吃飯，可笑了，四盆一湯，菜不算壞。他呢，照例只吃在他面前的兩盆菜，這倒不可笑，只是飯碗，筷子，湯匙都是銀的，這是他吩咐的，因為他怕袁世凱下毒藥，叫他死得不明不白。他根據了《洗冤錄》的話，銀子可以驗毒的，所以這樣。可是熱氣騰騰的飯會不上手，湯喝不進口，我拿陪他吃飯，當作一件苦差了。

他在這樣的生活裏，自然痛苦極了。當他第一次被軟禁在南下窪龍泉寺的時候，已經絕過一次食，我和黃節先生都寫信給袁世凱的政治會議議長李經羲，請他向袁世凱說話，恢復他的自由，才由龍泉寺遷移過來，這時他又來這一套了。他絕食的第二日，我才得了信息，一清早由西南城趕到東北城，進了他的臥房，三條棉被裹了他的身體睡著。這是冬天不消說了，北方大家小戶，都生火了，他住的房子又高又大，可是連一個白鑪子也沒有，因為他防袁世凱又用煤氣熏死他。因此，我連一件敝裘大衣，也不敢脫，只是身上感覺沉重，兩隻腳幾乎沒感覺了，只好在他房裏不停的兜圈子，一面走，一面向他種種譬解。他是九流三教無所不通的，尋常言語，休想打動他，幸而我還有幾套，忽然談孔孟，忽然談老莊，忽然談佛學，忽然談理學；談到理學，他倒感覺興趣，原來他對這門，以往還缺少深刻的研究，這時他正在用功，所以談上勁了。但是說到本題——勸他復食，他就另來一套。他說：「全生為上，迫生為下，迫生不如死。」這是《呂氏春秋》裏話，他用來說明他絕食的理由，我又用別種話支吾了他，一直說到下午八時，他的精神倒越興奮了，我的肚子裏卻咕嚕古嚕地叫了。我看准了他不至於堅持了，便告訴他我受不住了，要他陪我吃點東西，他居然答應了。我便做起主人來，叫那位聽差兼司廚的進來。好在他本來有偵探的職務的，一晌在房門外伺候著，這天他們這些特務個個心驚肉跳，為了要擔責任哩，所以我剛開口，門簾就打起來了。我吩咐他做兩碗雞子兒來，因為飯是趕不及辦了，也防章先生餓的時候多了怕不方便。一忽兒兩碗雞子兒擱到他床邊，我先遞一碗給他，他一口一個，不消一分時便落肚了。我再遞那一碗預備我吃的給他，他也不推辭，照樣落肚子。我算完了今日的任務，便叫那位聽差兼司廚的給他洗面，又吩咐他們好好伺候，就離開了他。走近大門，那幾位特務都排著向我恭恭敬敬地說一聲謝謝。

此後我不斷地去安慰他，並且去訪一位吳炳湘的老鄉，參政院參政桐城派古文名家馬其昶先生，想他能夠和吳炳湘說幾句話，卻好馬先生正要把他的著作《毛詩考》，托我請章先生批評，我就給他介紹和章先生見面，以後他的「門禁」果然鬆了許多。

（七）

這年寒假將近，我和湯爾和、邵裴子不願在袁皇帝「輦轂之下」混事，趕在他「登極」以前，我辭了北大和醫專的教員，湯爾和辭了醫專校長，邵裴子辭了財政部的主事，都離了北京。那時北京和上海的某報把我們辭職離京，當做特別的事情登了出來，我們本來都是光蛋，無鄉可歸，這樣一來，只好借光上海的租界了。我住在卡德路祥福里，恰巧對門住的是我的破蒙老師王解元的姊夫楊霞丞先生，（楊先生在辛亥年做雲南提法使；雲南光復的前一日，總督李經羲叫他進衙門去，對他說：「吾輩在位，事急惟有一死。」一忽兒李夫人著人把李經羲叫了進去，好久不出來，後來聽差的出來說：「請楊大人回去吧，我家大人出城去了。」楊先生回到自己的衙門，家口已不知去向，這是楊先生親口告訴的，）因此，曉得王老師也在上海，還住在相近的善昌里，廿多年不見的師生竟得見面了。

王老師的大哥哥叫王會口，後改名一個煥字，別字輔丞，是一個前清的工部郎中。他和他的大哥哥都和大刀王五有交情。王五是著名的鏢師，北道兒上綠林中人奉他做領袖的，由此可見他們弟兄的氣概了。我十一歲的時候，正是他們死了母親，我渡錢塘江去掉喪。那時正是前清光緒廿一年，（甲午後一年）他們在家裏吃飯，桌上都鋪了白布，也可見他們「維新」得早了：那位輔臣先生和一個滿洲人壽山有交情，壽山很貧，王先生常常照應他。壽山做了黑龍江將軍，就把王先生「奏調」同去，（奏調是向皇帝說明被批准的）一切都託付王先生替他辦。不想庚子義和團的事變，壽山也要盡除黑龍江的中外兩國教士和外國商人，王先生和他大爭一番，竟被他殺死。

王老師由舉人揀選知縣，（俗叫大挑知縣）分發河南，他雖則做了兩任官，但是不會弄錢，卻會用錢，結果，虧空了官款，被袁世凱下令查抄家產。可是，他那時已無產可抄，躲避在上海，身邊算有一件青銅器，到是被金石家「著錄」過的，但也不過值得八百上千吧，其餘有點書畫，如他的老鄉趙之謙的手筆一類，後來由我介紹一位朋友辛亥革命時候攻打南京的砲兵統領徐朔（徐紹楨部下）給他代為銷售度日。不久他死了，我也窘得不能幫助，還是請徐朔幫助他的後事。

在我要離開北京的時候，去和章先生商議倒袁的事，章先生囑我找張謇先生商量。當我最後和他分別的時候，我很為難過，一則我好像是他的護衛，我離開了他，不曉得以後他又怎樣；二則他向來送客不出客廳的，這時，他不知不覺下了臺階，看他是不願意我走開，但是我怕特務們的注意，不得不低了頭怏怏地離開了他。所以我為他做了一首〈高陽臺〉詞：

燭影搖紅，簾波捲翠，小庭斜掩黃昏。獨倚雕闌，記曾私語銷魂。楊花愛撲桃花面，儘霏霏不管人嗔。更蛾眉暗上窗紗，只是窺人。從前不解生愁處，任灞橋初別，略損啼痕，爭道如今，離思亂似春雲。銀箋欲寄如何寄，縱回文寫盡傷春，奈人遙又過天涯，斷了鴻鱗。

這是我回南後一年（五年）春天寫的，那時沒有得到他的消息。可是隔了一個多月，他的信來了，他發信的日子，有郵政局的鋼印，是洪憲元年五月三日，我收信的時候，郵政局鋼印上沒有洪憲元年，仍就是中華民國五年了。這個信封我認為很可寶貴，已送給浙江圖書館或博物館了，抗戰後卻不曉得還在？

我在上海住了幾個月，生活沒法維持了，應德閎先生送我三百元早用完了，我把明初版《洪武正韻》一部，譚獻過校的《意林》一部和別一部記不起名的托朋友向商務印書館張元濟先生賣了十六塊「大洋」，也不夠付一個月房錢。幸而天氣向暖，把在北方必需的幾件皮衣，一股兒連箱子交進當鋪，得了八十多塊錢。終究不是「持久之道」，總算命不該絕，浙江獨立了，莫永貞先生做了財政廳長，龔寶銓把我介紹給他，莫先生馬上把我「經師人師」的恭維一番，請我屈就他的秘書，其實我正不得了呢。

我因此便搬家回到杭州，住在飲馬井巷一所古舊的房子裏，這所房子經太平天國的軍人住過，樓上房門上還有他們寫的什麼□大人□大人奉命□□在此住□夜字樣和秧歌式的小調，（並無正確的革命觀念）可惜我不會把他攝個影下來，但是值得紀念的吧。天國軍隊走了，頭一個住這所房子的刻榆園叢書的許益齋先生，他的名是一個增字，別字邁孫。他是一個有名的幕僚，歡喜藏書、校書，還喜刻書，詞也填得不錯。這位先生在杭州聲名不大好，他抽大煙，也喜打牌，他有六七個姨太太，但是他的姨太太可以來去自由，他的人生觀，真做到一個達字，所以一般人都毀他，卻有一位「言行不苟」，而且為清末有名的「循吏」的陳豪先生（陳敬第先生的父親）卻和他做朋友，還要好。清末一位達官兼文學家的樊增祥，來到杭州，特地去拜訪他，說他是「晉宋間人」。這也算這間房子的歷史。

這年九月，莫先生要到北京參加財政會議，他問我高興去北京逛逛？我做他的秘書，自然不能說不高興，而且我也很戀愛北京，就比他先到北京，和同住在白廟胡門的大同公寓。可是整一個月沒有見面，我還是逛琉璃廠、跑醫專，找湯爾和談天，那時他和邵裴子都復員了。一天，我的那位陳老師，說起國會裏許多浙江同鄉（陳老師這時做眾議院議員），想叫蔡鶴卿（蔡元培的別字，後來改做孑民）回來做浙江省長，（這時蔡先生在德國）打了電報去，他回電說，回來是可以的，但不願做官。我就湯爾和說，北京大學的校長胡仁源有點做不下去，何妨把蔡先生請回來替代他。湯爾和說，這是很好的，但是蔡先生不是辦事之才，你可以幫助他？我說，人家恭恭敬敬把我請得去，完全不拿僚屬看待我，我現在怎樣可以就說辭職？但是我有辦法，我們只須把北大內部布置好了，就不使蔡先生為難，以後更無問題了。我想找陳仲甫（就是陳獨秀）來做文學院長，是很適常的，理學院長讓夏元瑮擔任，聲望夠的，（他是夏曾佑先生的兒子，德國留學生，本是北大的教授，研究相對論。）法學院長仍舊不動吧，另外請沈尹默在實際上幫忙。湯爾和連聲說好。第二日，他就去和教育總長范源廉說了，范先生正找不到北大校長，開心得了不得，一面打電報報請蔡先生回來，一面便向總統黎元洪說明，自然絕無問題的發表了。

我在北京住了一個月，覺得老是閒逛，興趣索然，便留了一封信給莫先生，逕回杭州。剛過陰曆的年，忽然來了兩位遠客，就是廖容兄弟，他們倒地便拜，我們聚了寒暄，談了一番討袁的經過，他們便告辭，仍就往北京讀書去了。我也得了蔡先生電報，叫我回北大擔任教授，我才向莫先生請假，先到北京看上一看，後來終於辭去浙江財政廳秘書任北大教授了。

廖容兄弟曉得我又到北京，仍不斷地來和我談，談的也更深了。廖容以為看中國情形，仍須有從草莽起來的，才可平定，因此想出居庸關走沙漠，結納馬賊，樹成勢力，但是關外沒有滿洲、蒙古有力的人介紹，不很方便。他們就靠著他們的叔父和前清湖北按察使梁鼎芬是要好朋友，這時梁鼎芬是宗社黨的領袖，他們便由梁鼎芬交結了前清陝甘總督升允。張勳復辟運動，他們事前曉得了，來告訴我，請我早早避開。我正要趁暑假回南，果然我離開北京，東華門的事情就發作了。他們得升允的介紹，到滿洲蒙古各處王公那裏，一度和白俄謝米諾夫也有往來，所以他們到處毫無阻攔，有時仍入關來，必來拜我，商榷方略，廖容文秀不改，廖毅卻完全像蒙古人了。我留他們吃飯，廖毅一下子八碗落肚，還說可以再吃。他們談起和馬賊決鬥，有聲有色，連我也把在廣州長堤跑馬的興子引起來了。從十一年以後，他們竟不復來，後幾年忽然在北京報紙上見到奉天破獲宗社黨，有廖毅的名字，已被張作霖殺了。廖容究竟怎樣，到今還未曉得，但他們決不是想替滿洲愛新覺羅氏復興社稷，那是我很曉得的。

（八）

我在北大仍取教書不問別事的態度，因為一則我曉得自己沒有辦事的才能，在醫專的時候，還兼辦文書；但是，極平常的一件公事，我還不能辦得「恰到好處」，時時要湯爾和修改，覺得經過他改以後，就情理都合，因此，我便看得事真不易辨，也就不願再問別事了。二則我從元年起，就決心做學術上的工作，便研究中國的文字，要寫一部《說文解字六書分纂》，——後來改了「體例」，叫做《說文解字六書疏證》，這時興趣正是濃厚，又加我在北大擔任著老莊哲學的科目，感覺到莊周的學說和佛學太相像了，便要參考一下佛學，所以也沒有時間去問別事。

可是，事情找上我了，「平地一聲雷」的「五四運動」在我埋頭寫書的時候爆發了。這是八年五月四日；我完全沒有得到一些消息，突然聽到各大學的學生會集在天安門，要政府懲辦賣國賊，拒絕日本對膠濟鐵路的要求。還一條長蛇陣式子直向趙家樓找賣國賊，趙家樓是外交總長曹汝霖住宅所在的地方，當時駐日公使章宗祥正在曹家，聽到消息都逃避了。他們撲了個空，有人冒火了，便演成一齣火燒趙家樓。因此，被認為現行犯的許多學生如許德珩、蔡海觀等都被捕了，這樣事態便擴大了，各大學都成了怠課狀態。

在學生和政府相持的狀態底下，北大校長蔡元培先生寫了一張小小便條，說什麼「民亦勞止，汔可小休。」「殺君馬者道旁兒，」一徑離開北京上天津了，失掉一個學生和政府中間的「第三方面」，事情更難辦了。北大文學院院長陳獨秀先生一天把「傳單」塞滿了他的西服上兩口袋，跑上城南大世界最高的樓上，把傳單雪片地往下散，因此，陳先生也被捉將官裏去。

這時，北京各公私立的大學（那時，國立的除北大稱大學以外，如法政、醫學、工業、農業，都是專門學校，還有男女兩個高師，一個明年便改做專門學校的美術，當時稱做八校，此外，如朝陽大學中國大學匯文大學等都是私立的）的校長無形的成了一個集團，各校教職員也各自組織起來了，學生自更不必說。

到了五月快要過完，沒有解決的希望，學生就想罷課。教職員方面怕一罷課學生就散了，而且正近放暑假的時候了，因此勸告學生，學生方面也有持重的，所以頭一次開會沒有通過。但是，他們想了分組遊行演講的辦法，終究在五月底宣告罷課，教育園地裏成了「遏密八音」的氣象。

演講隊在街頭巷尾，三五成群，高舉白布旗子，寫上「山東問題」等等口號，背了板凳，站在上面，向老百姓演講。起初大家理會不了，經他們「鍥而不捨」，終究喚起了群眾的覺悟。軍閥政府的領袖徐世昌不能不理睬了，據說，他聽了三個賣國賊裏面一個叫做陸宗輿的話，居然下毒手了，把一群一群的大小學生，（那時中學生也響應了）捉來，送到北河沿北大第三院（法學院），把他們當囚犯似地關著，把北大三角形的三座校舍，都用兵圍著，校舍門外排列了帳棚，真有「連營七百里」的樣子。

那時，北大成立了教職員會，推康寶忠做主席，我做書記，由北大教職員會發起組織了北京中等以上學校教職員會聯合會，也推康寶忠做主席，我做書記。後來康先生因心臟病死了，我就改任主席，沈士遠（也是北大教授，現任考試院什麼處長。）任書記，我因此和北京教育界發生了緊密的關係。長長地十幾年裏，教育、革命、抗戰雖則說不上是我領導著，我也不客氣地承認我是關係人裏面重要的一個。那時，由教職員會聯合會向政府說話，所有披露的文字，都出於我的手裏，我到得了機會，習會和人打筆墨官司的一套，直到我最後離開北平，

（我在廿五年夏天最後離開北大，那時北京已改名北平了。）如果編一冊《代言集》，材料倒也不少吧。

關在北大第三院的學生們，整日水不到口，飯不入肚。教聯會的各校代表得了消息，設法送茶送飯，都不許進去。直到第三日輿論起了反響，學生的家族也和政府打麻煩了，一輩軍閥政府的官僚，還讀過些四書五經，輿論倒很注意的，所以茶飯也得送進去了。

教聯會推舉了八位代表，要進去看看這些被幽禁的大小朋友，起初照例不許，不想惱了一位滙文大學的代表（滙大是燕京大學的前身）美國人博晨光，他竟大踏步朝裏走，我也戤著他的牌頭，衝了進去。那些武裝同志，對於「洋大人」是不敢得罪的，和我也不為難了，只攔阻了其他六位。我們到了裏面，大小朋友們自然好像見了親人一樣，個個跑過來，要說不說，只表示著一種形容不來的感情。終究我是中國人，被他們格外親熱，博晨光也就此走了。但是我剛說了一句安慰的話，倒惹動了他們的反對，他們卻要求我演說。想在這種「武裝同志」監視底下，好說什麼話？卻又不能不允許他們的要求，一時心靈起來，想這些「武裝同志」、「來自田間」、「目不識丁」，我只要「咬文嚼字」，他們是不會懂的，因此，有恃無恐，根安詳慷慨地把外邊消息隱約告訴了他們，再鼓勵了他們一番，贏得他們個個拍掌，我才轉了「詞鋒」，勸告他們各自回家，（這是監視的「武裝同志」囑咐過的）他們卻回答我一句：「寧死也不回去。」

這樣三日，自然有人向政府說，這樣的辦法不妙，徐世昌也識風頭，就解圍了。這時，教育總長范源廉辭職離京，次長袁希濤代理部務，我們教聯會代表頭二十個，死纏住了他，好像討債的，他也只得「掛冠而去」，來了一個和教育界太無淵源的傅嶽芬，也了不下這個風潮。可是，風聲早已傳遍了國內國外，學聯會派了代表向上海廣州進發，全國大中學生都響應了。「五四運動」，已經不是一個單純為外交問題，在民主和科學兩個口號底下，造成了一個時代意識，被青年首先接收去了。因此，上海教育界的人們和工商界的知識份子，發起了拿罷市做後盾的要求罷免三個賣國賊，才把徐世昌嚇倒了，給三個賣國賊做些假面子，准許他們辭職，才算結束。我呢，在這次大風潮裏，接觸了官僚的作風，也算得些不需要的常識，我的辦事也相當老練起來了。因為從「五四運動」開始後到結束，教聯會是我主持著。

有一件事情，可算「五四運動」裏的插曲吧。在風潮高長的時候，我是每日從早晨八時到晚六時，有時直到八時以後，都在沙灘北大第一院（文學院）三樓臨動盪裏面，能彀不被吞沒，全靠了他，後來北京師大等校也仿行了。我算不斷地被任為評議員，直到十五年張作霖據北京，我離開北大。

「五四運動」後安穩不到一年，北京大小各校教職員因挨不起餓，發起了一次「索薪」運動。這時，因五四的經驗，大家都曉得組織的重要了。運動開始，便組織了「北京小學以上各校職員會聯合會」，除了私立各校以外，大、中、小幾十個學校都聯合了，聲勢自然不小。我呢，又被舉做了主席。這時，我真要紅得發紫，因為我兼任高師、醫專的教員，所以，不但北大職員會是我主席，高師、醫專，也硬把我推上主席，因此，我辦事很有把握，而學生聯合會又有了緊密的連繫。政府覺得很討厭，就用分化手段來對付我們，把京師學務局管轄的中小學分化了出去，我們也用一點手段，對付政府當局。當時的政府當局還曉得老夫子不好過於得罪的，對於我們的要求，三件敷衍兩件，我們也將就了事，算沒有把一個團體公然崩潰，我也得了一個教訓。

到了十年春天，大家又不耐饑了，而且實在沒法維持了，而且也覺得政府對於教育滿不在意，只是做他妝點門面的工具。因此，除索薪以外，還提出教育基金和教育經費獨立的口號，並且拒絕了他們敷衍的辦法，罷課相持，直到六月三日：那時，教育部長早已沒有人敢做，由一位教育廳長馬鄰翼升任次長，代理部務，這位馬先生忒大意了，不但毫無預備，冒冒然來就職，而且對幾十個老夫子的代表禮貌不周，已經引起了反感，他又大膽地答應了發還積欠薪金，他並不曉得積欠薪金總數有七八十萬，政府是無法籌措的，而且他並不先查一查，各校教職員一再地辭職在先，才後「索欠」的，他不經過慰留，便許發清「積欠」，這樣便激動了大家必須叫他立刻發清，自然是辦不到的；同時國務院秘書長郭則澐也會不應付，早為教職員所不滿，所以到了這日（六月三日）北京國立八校的教職員既決議向徐世昌說話，上年分手的公立中小學教職員也自動地臨時加入，還有小學以上的學生也共同來做教育經費運動，一共有上萬的人，都齊集在教育部內外，請馬代部長率領往統府見徐世昌，馬先生倒並不推辭，可是，總統府早已關了新華門（總統府大門）布置了隊伍，在門外迎接我們，我們一到，就被攔阻，就被槍擊，我是以八校教職員會聯合會主席的身分，走在上萬的教職員學生前頭，就和幾個同事都被打得頭青臉腫；（沈士遠先生也是被打的一個。）徐世昌還要非法懲辦我們，我們受傷的住在首善醫院，被他派下等特務看守住了臥室。但是，人家勸他不可大意了，教書先生惹不得的，何況實在是政府對不起他們，他才走向法律路上，說我毀壞他的名譽，（這是他要法律解決，法官說：「無罪可附，只有這樣的一個罪名還可以辦」）向法院起訴，前清皇帝載湉曾告章炳麟先生到上海會審公堂，這番我被大總統告到法院，也可入了「同書」。結果，我們固然白挨了打，（首善醫院的醫藥費倒是教育部擔負的。）他也失敗了，因為我已設法遷入了東交民巷法國醫院（我要謝謝一位徐鴻寶先生，他是替我設法，而且護送我到醫院的。）法院沒法「傳案」，而且各校教職員說：「要『傳案』大家都到！」後來因暑假已過，非開學不可，由各大學校長等和教育部商量，拉了兩位做過國務總理的，一位汪大燮先生，一位孫寶琦先生，還有一位是清朝廣西布政使，辛亥革命，他反正，做了廣西都督的王芝祥先生出來轉圜，他們三位先到醫院來慰問，才後法院派了法官，便衣私入醫院，用談話式問了一問，就算了案。

六三事件的規模，實在遠過「五四運動」；因為實際上有革命意義的，而且也「事聞中外」，國內教育界沒有不給我們援助，孫中山先生在廣州也給我們正式的援助，北京軍閥政府的威信就此一落千丈。後來徐世昌又被他的部下一逼，溜之大吉地下臺了。

我這次受傷，雖不曾流血，血卻鬰積在腦上，時時發痛，並且神經衰弱的舊病又發了，（這因上年為教育經費問題每日開會，一日，從午前八時起直到午後八時沒有五分鐘停止說話的，散會後在公園裏吃飯，一下子跌倒了，以後就犯了這病），日夜不得睡眠，醫治了幾個月，還沒有大好，因此請假回到杭州休息一下。不想浙江第一師範學校在上年因學生施存統（就是施復亮先生）做了一篇〈非孝〉的文章，鬧成一次大風潮，校長經亨頤因此離校，接替他的姜琦，是一位教育家。但是，那時一師學生自治會做了學校的主體，校長「動輒得咎」，姜琦幹不下去，借要往美國的理由，堅決辭職；一師這個學校，是浙江惟一前進的，一般的人儘管有「食指動」的，卻不敢去惹他，急壞了教育廳長夏敬觀先生，曉得我回杭州，就托我的朋友諸宗元先生再三再四地要求我去擔任，終究在有條件的底下接受了。

我雖則做過頭二十年的教員，卻不是教育家，我沒有辦學校的經驗，我就拿北大教授治校的辦法推行到一師，同時仍不去削弱學生自治會的權力，調劑了一下，算得相安無事，到得第二個學期，有一次為一件什麼事和學生會代表談話，有一位代表對我語言失禮，我覺得辦教育的失了信仰，只有立刻離開學校，便提出辭職書，可是學生會也馬上推了代表來挽留，只得忍耐一下。

杭州教育界分成兩系，一系是前進的，一系是保守的，（其實是飯碗主義）保守系裏有我的老師和學生，自然我在本省早有地位，又加我在北大，地位也不算差，他們曉得我不是他們的儔伴，但是，也曉得我是不容易攻擊的，因此，轉用柔術進攻，就是往各面來拉攏，可是我有我做人的一套法寶，就是「獨立而不倚」，他們也沒辦法，不過他們背著一個教育會，甚至還有一個省議會，都可以替他們出場的、支撐的，我不免有單槍獨馬的顧慮，我倚靠的只有自己的隊伍——學生了。

一師的校舍建築在前清光緒末年，大概是工料的關係，到了這時，屋頂損壞，有坍塌的危險。前任校長提出修理案，省議會總不給他通過，我覺得我怎樣擔得起這個責任？將來有點問題，就給人們一個攻擊的題目，我先招待省議員茶會，希望他們明瞭情形，給予通過修理案，可是，只到了三個議員，一個是沈玄廬（就是沈劍侯），我曉得他們不來的意思了，我只得用點小手法先得了財政廳應急費三千元，後來還在省議會裏正式通過。這件事情給學生曉得我對學校前途還有辦法的。但是，我覺得浙江的教育需要改革，要打開這個環境，不是一個中等學校校長的我容易辦到的，不過我決定想做一番工夫。

（九）

我看到杭州教育界保守派的幾位人物，真正覺得太卑鄙了，怎樣可以「激濁揚清」？有一次是教育會推我和一位私立體育學校的校長某先生做代表去見省長；某先生是保守派裏的一位健將，而且專門放砲的，還喜出風頭的，所以推代表常常有他。這次我和他到了省長公署，一位招待員是我的朋友，很客氣地邀進了招待室，我們照例遞給了名片，我的名片上向來不寫什麼什麼頭銜的，（後來任國民政府教育部政務次長，才用了一次頭銜，是為火車上的方便，也不用在別處。）只告訴他是代表教育會來的，可是，他和我們「寒暄」了，又閒談，沒得談了，請我們看報，我莫明其妙地等了四五十分鐘，耐不住了，請他替我們傳達吧，他做手勢，表示省長正在睡午覺，我冒火了，我說：「我的學校裏有事，不能再等了！」他才急急起身進去通報，居然就來請了。我們見了省長（沈金鑑先生），我便說：「我們是為公事來的，已經在招待處等了四、五十分鐘了，我們都有職務，以後有事再來，請省長早點接見。」省長倒很客氣，說：「我不曉得，他們不該這樣。」可是，我看那位某先生好像出了神，我把公事說完了，他也不發一言。

不多時（十一年夏天）教育廳長夏先生要辭職了，那時，廳裏一位祕書許寶駒先生，是北大畢業的，（卻並未聽過我的課）杭州第一中學校長黃人望先生，是我北大的同事，又是我介紹給夏先生的，我們商量，要改革浙江的教育，應該和廳長是一條路的人，夏先生走了，後來的是誰？和得攏？他們兩位就主張我們自己來。因此，許先生就到北京和蔡元培先生和教育界幾位浙江同鄉討論了一下，他們都覺得是對的，恰好那時一位教育次長金紹青，是北大同事李大釗先生的朋友，經大家把我提出來做繼任的預備，請李先生介紹一下，不想馬上就發表了；那時，各省都有督辦軍事的武官，可是文官都要得他的同意，往往他不同意，就不得到任，督辦浙江軍務的是盧永祥，他比較算好的，我呢，有倔強的脾氣，總不理會這一套，可是，我不得不先去見一見省長，省長是領過我的教的，非常客氣。但囑我須得去見一見督辦，我只得照例「衙參」了一次，盧督辦卻也客氣，我就到任了，同官自然也不得不去訪謁一次，此後就都沒有特別見面了。照例，新官上任，僚屬要更動一番，而且上司還要推薦些人，叫你不敢不用，我是定了主意不敷衍的，且喜督辦、省長都不交下一張條子，後來聽說，有人去找省長的「八行」，沈先生對他說。「別處我我可替你出信，馬廳長那裏我出信也無用的。」他竟不給一封〈八行書〉，當時經過宣傳，我便清爽得多。

不湊巧，浙江起了大風災，十一個省立中學，十一個師範學校的校舍，多半遭災，牆坍屋倒，雪片的告急文書望廳裏飛來，我覺得這是件棘手的事情，因為必須經過省議會才有辦法。不想那位教育次長金先生，他以為自己是醫生，不懂辦教育，卻找了他的同行湯爾和去替代他。一轉眼國務院改組，教育總長王寵惠任國務總理，湯爾和升了總長，他便不經我的同意，發表了我署教育次長，而且浙江教育廳長放了一位張宗祥，是我的朋友。這時，我正要帶了視學親到各縣視察教育，弄得尷尬得很；因為湯爾和相信他和我的交情可以不必徵求同意，我一定會去幫助他的，而我呢，因為和北京教育界的關係也不得不去，希望更有作為，更不得不去，張宗祥已急急來上任了，我不得不讓他，但是，我曉得改革浙江教育的希望，是沒有了，因為張先生不是擔得起這種責任的人。我在依照我預定的計畫，巡視了蕭山、紹興兩縣，就算給浙江乃至全國開了一個教育廳長不專在公事房看報告的風氣，我就到北平就教育次長的職了。

我在教育部，大概不過四個月，總算承各校舊同事的情，沒有「索薪」的風潮，但也辦不了什麼事，一件中等教育「三三制」的改革，我也不過隨同「畫諾」；因為這個制度是黃炎培先生們研究好了，湯爾和贊成，我祇覺得舊的四二制是有弊的，也需改革罷了。

這時，總統是黎元洪，他的外號是黎菩薩，大概因為他「有求必應」。這年年尾（或者明年年頭）一屆眾議院議長外號吳大頭的吳景濂，他原是國民黨黨員，後來他不去「護法」，仍就做他議長。那時，檢舉袁世凱叛國的京師總檢察長羅文榦，正任王寵惠內閣的財政總長，發生了一件奧國庚子賠款舞弊案，吳大頭原是有政府背景的，他一口咬定羅先生舞弊，可不依法向法院告訴，也不由政治程序由國會提案請政府查辦，他卻和總統府的「幕僚」串通了，一面請黎總統逕把羅先生拿交法院，這件事原是倒閣的計畫，其實羅先生是個「強項」清廉的官兒，後來經財政部一個科長徐行恭挺身替他作證，他的冤枉是表白了，可是，吃了個眼前虧；王內閣終究讓了他的陸軍總長張紹楨；住在張紹楨宅裏「佳客」黃郛做了外交部長，在他到任第一件公事，就是簽字在這退款案上，他後來對我說：「我拿筆還發抖的。」

在羅文榦先生捕交法院以後，國務總理王寵惠外交總長顧維鈞，教育總長湯爾和是一起的，王寵惠沒法救出他的財政總長，湯爾和主張總辭職，第二日在湯爾和宅裏晚飯，湯爾和提出他的主張，顧維鈞不作聲，王寵惠說：「爾和，你是醫生，只要救人，我是負救國責任的。」湯爾和立刻答覆他：「人家正要打倒你，你還想救國？」王寵惠還囉嗦了一回，但是，他們畢竟提出辭職，陸軍總長張紹楨卻不「連署」。我呢，自然也辭職。

我離開了教育部，仍回北大教書，直到曹錕的夥計王承斌攆走了黎菩薩，曹錕用「賄選」做了總統，吳佩孚拿曹錕大兒子的資格，入京「清君側」，槍斃了曹錕的「男嬖」李燕青，令馮玉祥出關討伐張作霖，馮玉祥中途「倒戈」；把曹錕軟禁在延慶樓，由黃郛出來「攝政」；黃郛先生和我在北大有同事的關係，他原來是教育總長，參預馮玉祥先生軟禁曹錕的計畫的，所以由他代理國務總理，由他的內閣攝行大總統職務；後來他把教育總長讓出來給了易培基，通過李石曾先生的關係，請我去幫忙，我便第二次任教育次長了。

那時，（十三年冬天）馮玉祥先生帶了國民軍第一軍，孫岳先生帶了國民軍第二軍，胡景翼先生帶了國民軍第三軍，都是革命的行動，孫岳，胡景翼兩位本來都是革命黨，實際，這件事和廣東孫中山先生有關係的；所以孫中山先生也就宣言要「北上」：在前，孫先生和段祺瑞、張作霖發生了聯繫，合作討伐曹吳；不想這時，段祺瑞深恐孫先生到了北京，他就不能和孫先生爭地位。他本是袁世凱部下龍、虎、狗三傑裏的一隻虎，（龍是王士珍，狗是馮國璋）他很想繼承袁世凱的大位的，（王士珍不歡喜爭權，也淡於名利）。所以他不贊成袁世凱做皇帝，袁世凱「金匱」題名，（袁世凱造了一座「石室」，裏面置了一個「金匱」，匱裏放一本冊子，題上三個人名，預備他死後揭開來看，誰是第一名，便繼承他的地位，段祺瑞也在裏面。）卻把他的大兒子袁克定名列第一，預備傳位給他，卻被段祺瑞曉得了，自然更不贊成袁世凱做皇帝，並且露骨反對，才被袁世凱監視了。袁世凱死後，馮國璋倒被舉了副總統，並且補了大總統，徐世昌也趕上他前頭，做了大總統，甚至曹錕也坐過這把椅子，他自然不甘心在這時再退讓了；所以他便「近水樓臺」（他住天津）一下子帶了他的幕中人章士釗、林長民、梁鴻志、李思浩一輩先到北京：他卻不肯繼曹錕的大總統的「統」，自己以為他是革命的，就想出一個特別名詞，叫做「臨時執政」：這還有一點怕孫先生來不得下臺的意思吧。

段祺瑞一到北京，立刻組識政府，發表梁鴻志做秘書長，龔心湛做內務總長，吳光新做陸軍總長，李××做海軍總長，章士釗司法總長，葉恭綽交通總長，攝政內閣裏三個次長留任，外交部沈瑞麟，代理部務，農林部（或是農商部）劉治洲代理部務，教育部便是我代理部務，我對於「出處」向來自主，不和別人商量的，因為不當和人商量的，不過這時我為我的做官完全不是個人主義，此番應該怎樣？便訪問幾位朋友，如張繼、王法勤、李大釗、馬裕藻等等，聽聽他們的意見，有些說：「段祺瑞也是軍閥，不做下去好，」有些說：「教育部關係革命很大，我們不應放棄，何況孫、段是有合作密契的。」我從多數的意見，就繼續做下去：可是，我成了直接的當家人了：幸而段祺瑞心上也沒有教育兩個字，事實上，軍閥政府的日趨沒落，財政壓迫他，而他還沒有儘量剝削人民和向國外大量借款的膽量，也是一個原因；所以推廣或革新教育根本不必談，我只把北京大中小各校維持得好，雖則薪水不能不欠，我總每個月使各校的朋友相當滿意，尤其注意到中小學方面，所以大家對我「宛如家人」，我那時就感覺到應該負責任的不積極去負責任，就自己搞糟了：我也掏不出腰包，不過我心在這輩朋友和青年子弟身上，不怕麻煩，用些手段，（我用的手段，絕對避開「陰謀」性質，所以我向來反對對付人用手段，但是反對的是有「陰謀」性的。）向財政總長麻煩：那時李思浩先生，可以說是很幫忙的，因為他總沒使我失望過。

這個時候，後藏的班禪喇嘛額爾德尼被逐，投奔中央；在清朝，他是「國師」，「國師」來朝，有特別禮節，經過城門，要替他搭天橋，從橋上進城的，（這是我據筆記的傳說，沒有查過《大清會典》。）這時，自然兩樣了；但是，段祺瑞還拿皇帝接待「藩王」的儀式，賜宴一次，段祺瑞在臺上居中南面，獨佔一桌「酒席」，班禪喇嘛在臺上右邊稍前一點，也是南面獨佔一桌「酒席」，我們國務員和「滿蒙王公」，每桌六人，每個國務員配上滿蒙王公五人，大約有十多桌，都在臺下，當時還召了北京名角唱戲「侑酒」，譚叫天的孫子譚富英不過十八九歲，演了一齣什麼，我忘記了，然而他唱的是戲中戲，是這齣戲裏的一個配角。

（十）

在我回杭州任一師校長的時候，（十年）北京北大、師大的青年在杭州的，許多和我聯繫了，（那時，有馬黃黨的一個名詞，是杭州教育界保守派造出來的：黃是指黃人望先生，還委屈了蔣夢麟先生，稱他做蔣腿。）他們認為我是可以發揮革命作用的，從我再到北京，益發有青年集中到我這邊。這時，北京地下工作的國民黨漸漸露面，共產黨也早在地下做工作，因為國民黨已容納了共產黨，所以，秘密的公開的只是國民黨，我被任做北京特別黨部的宣傳部長。

國民黨開第一次代表大會，北京特別黨和北京市黨部都有代表赴廣州出席。那時，朋友們要推我一走，我沒法分身，就推了張國燾、許寶駒等幾位。許先生問我有什麼建議？我說：「革命一定在幾年裏成功的，不過國民黨得了政權以後，立刻要拿東西出來，我覺得現在已是急需預備的時候了，你可替我轉達一點意思，請總理（孫先生）注意設兩種機關，一個專門做調查工作，一個專門做研究工作，調查的材料供給研究，研究的結果來做計畫，免得『措手不及』。」後來，許先生回來，答覆我是：「總理接受這個意見，很高興；但是，孫先生說：『軍費浩大，專設機關，恐怕不易，調查工作，我再設法，研究工作先叫王雪艇（王世杰的別字）他們做起來，我津貼他們些。』」（那時王先生們正辦了一個什麼週刊。）

不久，孫中山先生扶病來到北京，北京的青年，沒有剩了一個，都湧到東車站，要見一見孫先生的顏色，市民也瘋狂似的擠得正陽門前，路也不易通過；我還兼了一個國務員的身份，和龔心湛等都在停車的地方「恭候」，車到了，我便上車，碰著了吳光新剛要下車，他是從天津伴了孫先生來的，他向我說：「先生在裏面」，先生是國民黨裏對孫先生一個恭敬的稱呼，我就向頭等車臥室找到了孫先生，看他「滿面病容」，著實感動，他為了什麼？孫先生也就起身下車，直赴協和醫院，後來又遷住錢獅子胡同顧維鈞的住宅。

如織的光陰，到了三月十一晚上，我剛從錢獅子胡同回家不久，想睡了，楊杏佛一個電話，叫我快去，我曉得先生到「彌留」的時候了，急忙又趕了去，果然，孫先生這天就拋棄了中國國民，也和世界訣別了。十二日有國務會議例會，我正要看看段祺瑞的態度，到了段宅，（那時，國務會議都在他的家裏開的。）曉得國務會議為了孫先生過世，停開一次，這是前清「輟朝」的例子。看見大家都在段祺瑞書房裏，我也走了進去，段祺瑞正在議論孫先生說：「辛亥革命，不是孫中山的功勞。」章士釗就接著說：「是的，章太炎也這樣說過。」段祺瑞就拿出他做好送孫先生的輓聯來，叫大家推敲，特別對李思浩說：「贊侯，你是進士出身，你斟酌斟酌。」李思浩自沒說話，也就商量到孫先生「飾終典禮」，不過「照大總統在職病故例治喪」，派內務次長王耒辦理。

孫先生的遺體定二日下午二時入殮，段祺瑞原說來送殮的；可是，到了一時，還未「駕到」，電話催問，說是腳痛不來了，派內務總長龔心湛「恭代」；說到龔心湛呢，孫先生在倫敦中國使館被囚，那時公使正是龔心湛的叔父，龔心湛這時也正在那裏。這日上午，王耒為某事辦得不妥，李烈鈞和他鬧起來了，王耒把他的老同學汪精衛請出來，才算顧了面子；但是，已經給大家一個不痛快，這時聽到段祺瑞說來不來，還派龔心湛代他來，青年們添了一把怒火，還虧幾位前輩壓住了，其實段祺瑞正因為革命黨和成千上萬的青年都在那裏，他怕呢。

大概過了一個多月，段祺瑞發表的教育總長雲南唐繼堯的代表王九齡到京，先有人來對我說：「他到一到任，仍要回雲南的，」叫我仍就做下去，王先生也來周旋一下；可是，王先生是抽大煙，早被各校曉得了的，他們議決反對他，他到任的時候，他們一群代表要當面和他為難，我自然為難了，不免進勸一番，他們說：「這不是你的事。」我正為難，而警察總監朱深伴同王先生到部，（向來沒有這種例子）朱深找我先談，要我替王先生去向各校代表解釋，這分明是給我一個難題；但是，假使他不是警察總監，還有商量，他拿警察總監的身份向我說這話，我自然一口回絕，不能照辦，馬上送出「辭呈」，朱深大概也去報告了段祺瑞，當晚下了把我免職的命令。

我這次在教育部，卻遇幾次學潮，如北京醫專、美專、農專、女高師卻都不是「索薪」問題，而是他們校內教師、學生雙方都有政治關係的風潮，就是國民黨內的國共鬥爭，倒很費了我的心；同時有一件事情幸是我在教育部：原來內務部得到情報說共產黨首領李守常（就是李大釗）在各校活動，諮請教育部查辦，我把他壓下了，否則李先生不必等到張作霖做大元帥就會被捕。

我又回北大任教授了，教育風潮也多而激烈了，革命的氣氛也籠罩著北京了，十四年五月三十日上海南京路的血案消息傳到北京，我和國民黨許多朋友就組織了五卅慘案後援會，我就任了最高職務的名義，那時會所設在東城，我卻住在西四牌大拐棒胡同，每日到會辦事；有一日，有人告訴我，有偵探跟著你來，第二日我家裏坐人力車走出胡同，果然見一個不三不四的人對家門坐著，旁邊擱著輛自由車，他見我的車子拐了彎兒，就騎了自由車跟著，我已覺察了，直讓他跟到後援會相近，我突然下車問他：「你奉了誰的命令跟我？」他立刻轉身就逃，以後胡同口上使沒人坐著，車子後邊也沒人跟著了，原來這也是朱深對付我的。

後援會辦了一件痛快的事，就是英國公使館的華人罷工，這件事鬧了十來天，工友們都同意了，卻要一位資格最老的中文「文案」董先生參加方行，這位董先生在英使館有廿五年的歷史，再經五年，就可以得養老金休息了，他自然捨不得這個職務；但是，我們朋友把愛國大義說他，居然也被說動了，但許他必定給他找個職務，因為他的家累的確也重，不能一日沒有事的，他似乎不相信一輩青年朋友，最後由我和朋友們招待董先生和使館華人代表談判，他們曉得我是有地位、身分的人，便答應了。罷工實現，英人大吃一驚：那時慘案還牽涉日本的，因此，日公使館也起了「戒心」。可是，我到今朝還覺得做了一件對不起人的事，就是沒有給董先生找到職務，因為事關外交，機關裏不敢請教，結果，英國人識相，都把他們請了回去。

這年的冬天，因為段祺瑞對孫先生有背信負義的行為，而且他漸漸地「敵視」國民黨了，王九齡果然不久回去雲南，章士釗兼署教育總長，他是段祺瑞

「智囊」裏的一個，替他出力對付教育界，北京的國民黨人尤其是青年，對段祺瑞極度不滿意了，便來一個首都革命的口號，學生和文化界工商界的民眾聯合上兩萬人，由自由車行犧牲他一天的利益，把自由車做了一道闌柵，在天安門宣佈了段祺瑞種種罪狀，我是被推做主席的；段祺瑞派出隊伍，「如臨大敵」。但是，因為有廣大的民眾參加，他也不敢怎樣，大概他還是一個清朝的秀才，讀過四書五經，還看看佛經，他腦子裏還有人民不可欺侮的觀念。散會後群眾分隊遊行，在激昂的氣氛裏，打毀了一兩處段祺瑞部下要人的住宅，燒了晨報館，因為他平日有反革命的言論表現。

後來，（不記月日了）又有一次，仍想在天安門集合，做更大的行動，北大學生由第三院出發，我和朱家驊各領了一隊，正要出去，大門已被警察封鎖了，大家回頭，開邊門走，這時，我反成了「殿後」的而且已離開了隊伍，不想邊門也有了警察，幸是少數，所以走得快的都衝了出去。那邊門平常不開的，門檻離街道上有二尺多高，我剛要下去，被警察飛起一腳，正中了我的鼻嘴，都發木了、只好「鎩羽而歸」；天安門的群眾也被軍警驅散，但也沒有傷害。

十五年的頭上，段祺瑞改行內閣制了，許世英做國務總理，易培基又做教育總長了，那時，教育經費仍是常常發不出，許多朋友和我計畫，我們本來主張教育經費獨立，孫中山先生也贊同我們這個主張，我們還是再來試一試，擬了一個教育特稅辦法。那時，浙江省長夏超派了黃人望到京，和許世英先生接洽事情，就由黃先生和許先生接洽，得許先生的贊同，許先生和我本來相識的，因此，就在國務會議上通過這個提案，而且發表了我督辦教育特稅事宜；我明曉得這件事當然不是段祺瑞願意的，而且也絕不容易辦，因為歷史的關係，嘗試一下，果然會同辦理的財政部、京兆尹，表面上敷衍我，實際上連督辦公署的經費也無著落：不到一個月，「三一八」的事情發動了。

這時，北京的國民黨黨部已分成兩個，一個是「西山派」，由林森、鄒魯、張繼、謝持一輩領導的，他們怕國民黨被共產黨篡竊了，他們反對階級鬥爭，他們主張國共仍就分開；但是，他們是孤立的。我呢，雖然信仰社會主義，卻不贊成暴動政策，我和李大釗談過，他有共產黨的紀律底下，沒有表示，後來他們常有紅字的傳單，明白鼓勵暴動，我因此也參加了西山派。

（十一）

「三一八」的事情，我算是西山派黨部的參謀長。這日也有頭兩萬人浩浩蕩蕩地直趨吉兆胡同執政府——段宅，吶喊的聲音，一里外都可以聽到，各校的教授，尤其是北大的教授參加得很多，段祺瑞調了衛隊警察保護他的宅子，群眾也圍住了他們，互相掙持了幾個鐘頭，群眾不散，段祺瑞的衛隊開槍了，被傷害了十七個，（這係憑我的記憶，怕還不止這幾個。）又遭驅逐，群眾才退。這件事情，兩個黨部雖則對立，也各自計畫，但行動上都要爭先，後來因為西山派方面沒有受傷的，有說西山派不過出來敷衍敷衍的，這是冤枉了他。

十九日我便寫了一個辭職呈文，痛快地教訓了段祺瑞一頓，我也被通緝了；因此，又進了東交民巷法國醫院，吳敬恆、李煜瀛、蔣夢麟、朱家驊、易培基也都住在法國醫院或六國飯店。以後張宗昌進北京，殺了《京報》總編輯邵飄萍，（比邵飄萍先被殺的是《社會日報》總主筆林獬，他別字少泉，在報上的筆名就叫白水，他在袁世凱時代就辦報，被袁世凱每月送三千塊大洋封了口，一時「起居」闊綽起來，他到並不自欺，公開地對人說：「我變了金人兒了。」）黑暗光臨北京文化界教育界的頭上了，隨後吳佩孚、張作霖都到北京，他們大有桃園結義的氣概，拜了把子；北京因此更加恐慌，我才「易服」（我除了做官不曾穿過西裝，這次卻換了西裝，扮了商人模樣）混出北京，直回杭州。

這是十五年的夏天，這時浙江省長夏超是我的朋友，在我做浙江教育廳長時候，他是浙江全省警務處處長兼省會警察廳長，他很不滿意外省人統治浙江，所以願意我留在浙江，可是，我一忽兒也離開了，這次我回杭州，就先托黃人望勸他參加革命，他正對孫傳芳和他的部下，督辦浙江軍務盧香亭不滿意，因此，被我說動了，就請我代表到廣州和國民政府接洽，大概是中秋邊的事情。

當我還沒有離北京的時候，我覺得革命的力量，還是需要集中，不當分散，曾經和幾位青年（西山派）表示我的意見，這樣孤立而不能發展，是違背了革命的「宗旨」；回南以後我又和一位青年說了，希望他們趕緊加入軍事工作，他們果然接受了我的建議，聯名登報聲明脫離西山派，等我代表夏超到廣州，他們已經有七八成都擔任著革命工作了。我在廣州和中央黨主席張人傑國民政府主席譚延闓接洽妥當，委任夏超做「國民革命軍第十八軍軍長兼理民政事宜」，回到杭州，交代清楚；我曉得夏先生的決斷力比較是弱的，而且他只有保安隊和警察兩部分力量，不免增加了他的遲疑，我就冷靜地等他一下，到了蔣總司令統率的中路軍已和孫傳芳在江西正面接觸，孫傳芳集中了他的兵力來對付，我就請黃人望、許寶駒兩位去催促他發動接應，他和他的十兄弟團商量一回，大家因為浙軍周鳳岐一師被孫傳芳調赴前，恐防有礙，周鳳岐也十兄弟團的一個，不能不顧，當然，這個消息會立刻傳到周鳳岐那裏的，周鳳岐就瞞了孫傳芳，把他的部隊向浙江撤回，夏先生得到這個消息，立刻找我決定宣佈獨立。那時，盧香亭部下兩旅也開赴上海了，省裏都是夏先生的部下，我請他立刻出兵開赴淞江，防禦盧部過來，他辦事不夠密不夠快，一則，不會把在省的盧香亭部屬扣留起來，致被洩漏了消息，軍事策略並未「謀定而後動」，臨時佈置，他和他的部屬都沒有軍事經驗，軍事的技術也差，再加保安隊的訓練也不夠，而且他在平時為了避免盧香亭的注意，運輸軍火甚至訓練軍隊，都是不能完全公開的；所以「倉卒之間」不能立刻動員，及出發後還未到達楓涇，盧部孟昭月旅已快到楓涇，只得拆斷三十八號大橋為抵禦。這從軍事上說，已失了「優勢」。

當時，就部署省政機關，除夏先生兼理民政已有「明文」外，仿廣東例子，設建設、教育、財政、司法等廳，和夏先生商定了一張名單，現在只記得朱家驊長教育，我長建設。這日，因我在廣州，由張人傑先生面囑，請夏先生撥十萬元付上海鈕永建先生，這時，鈕先生是駐上海，和各方接洽且籌畫軍事的，夏先生開了一張支票，由我找勵乃驥先生立刻由早車帶走，幸而車已通過，不曾出事。這日下午，我和蔣夢麟渡錢塘江到紹興，宿了一晚，第二日走寧波，由寧波乘輪船到上海，找鈕先生想法補救，但是鈕先生一下子也沒辦法。這日，曉得夏先生的隊伍已折回嘉興，盧部孟昭月和段××兩旅都過楓涇，大事已去，因夏部戰鬥力太缺乏。杭州仍被盧部佔據了，孫傳芳命令「通緝」我和黃人望、許寶駒、王強四個，我的名字「忝居第一」。

我在上海，住在法租界蒲石路漁陽里裏面的昌餘里，仍想夏先生能夠從上江（錢塘江上游）設法「再振旗鼓」，一面請黃人望先生到九江去報告蔣總司令，一面派了一位朋友到桐廬一帶打聽，沒有確實消息；許多傳說，也沒法證明：後來聽到他已到了上海，住在哈同花園，託人轉託姬覺彌的同鄉一位馬姓的去打聽，並不絕對否認；但是，這是上海灘的買賣行為，到底夏先生早在杭州被孟昭月槍斃了。

據相當可靠的消息，夏先生的確想往上江走的，因為他的部隊在上江的還不少；但是，他不知怎樣，忽然回頭從江干翻山過嶺，到了西湖南岸，跟到他的是他的一位部下。他們每人腰上纏了幾千元紙幣，他自已胸前還掛了一尊西藏的護身佛，聽說是班禪喇嘛送給他的；他們在黃昏時候，想往西湖北岸花塢地方去，不想遇到了哨兵，他的那位部下走在前頭，相隔有百來步路，先遭哨兵喝住，問他：「你是不是夏超？」他只做了一個勢，哨兵便放了他，去向後面的人攔阻，原來正是夏先生。夏先生被捕，解到司令部，驗明不錯，孟昭月問他些話，夏先生只說：「你要槍斃就槍斃，沒有話說。」這個消息，似有漏洞，但是聰明人去看他，可能有這樣的，總之，夏先生是被捕而死了。

（十二）

這年年邊，我得到蔣總司令的任命狀，任命我做浙江政務委員會委員，同時，委員除了國民黨裏共產黨黨員兩位外，還有褚輔成、蔡元培、查良×、魏炯、沈鈞儒、朱少卿、（還有別人，記不得了）主席是張人傑，代理主席是褚先生。那時，浙江省城仍就入了孫傳芳手裏，所以我們從上海到鄞縣（寧波）去就職，（我在這時，把廿多年的長鬚剃去，為預備「亡命」）其實寧波也沒有正式被收復，不過沒有孫傳芳的軍隊，只有浙江第二師的旅長石鐸（和我是養正書塾的同學）在那裏。我們當夜得了段××旅寧波開來的消息，就在魏炯先生家裏宿了一夜，第二日大早，分頭各奔前程。

我和蔡先生同了三位青年朋友一位是姜紹謨，一位是勵乃驥，一位是戴應觀從上海來的；這日，就請戴先生回上海報告我們的家庭，姜勵兩先生作伴同行，乘小火輪到象山縣城宿一宵，曉得段旅已到寧波，我們又乘過山籃轎到東鄉勵先生家裏，住了六七日，有象山縣縣知事來拜訪，雖則他並沒有「惡意」，我們卻有「戒心」，一夥兒又投黃公奧勵先生的同學史文若先生家裏，住上幾天，風聲還是不好，又投奔石埔勵先生的妹夫紀先生家裏，紀先生的父親是一位孝子，又是慈善家，他在石埔是惟一無二受尊敬的，石埔又是一個大鎮，比較東鄉，黃公奧局面開闊得多，我們倒像「隱居闤闠」，不過久住總會洩漏消息，因此，雇了兩隻帆船，乘夜上船，（這時多了一位勵先生的同學王永祥先生同行了）我和蔡先生坐了一隻，姜先生等三位坐了一隻，我雖則「曾經滄海」，但是都乘輪船的，帆船漂海是第一次，白天倒也平常，夜裏遇到風浪，聽他們一輩船家轉柁時呼叫的聲音和船身的斜起伏，倒覺得有點骨悚。我和蔡先生都是睡著起「腹稿」做詩，消磨了兩天已到福州。

這時，東路軍總指揮何應欽已破了督辦福建軍務周蔭人的兵，收復了福建：何總指揮還駐在福州，他的參謀長蔣伯誠是我的學生，快二十年不見了，北大的一位同學袁世斌（現任貴州民政廳長）正做政治部主任，正是「他鄉遇故知」，而況在革命發展勝利的時候，自然都有不可形容的高興。等到何總指揮離開福州，向浙江進發的第二日，我們也離福州往廈門；可是，我們一個同伴姜先生，卻被任了指揮部參議，隨軍前進；原來姜先生是浙江江山人，這次入浙江的軍隊，正須經過他的家門，所以要他去做嚮導。

我們在廈門表年會住了一晌，中間又去廈門對岸的鼓浪嶼，逛了幾個大資本家的花園，（一個是中南銀行老闆黃奕柱的花園）他們這些花園，簡直是「官山府海」，一個林家花園，原是明末延平王鄭成功的水操臺，這不很闊？我們又到泉州登了一座什麼山，逛了開元寺，遊了萬安橋；（小說裏蔡狀元造洛陽橋，就是這橋。）萬安橋跨兩縣的境界，活像長虹臥海，那種厚大的石料和建築的工程著實可驚。又到漳州，逛了一逛山水，過一頂橋，是用二三丈長五六尺方的石頭造成，（萬安橋的石料沒有這樣長人。）我不曉得當時沒有起重機，是怎樣搬運的。在漳州遇到一個縣長，原來是我的朋友虞廷颺先生的兒子，虞先生是章炳麟先生倡造的光復會會員，軍界的前輩，辛亥年被一位也是我的朋友叫盛碧潭的為著政治關係暗殺了；後來這位「少君」替他的父親報仇，殺了盛碧潭「自首」，國民政府不追究他，這時，做了縣長，我很感傷了一番。

我們再逛了集美學校，回到廈門，計算何總指揮早進浙江，起了「歸與」的念頭，集美學校校長葉采真先生是北大畢業的，就用他的捕魚輪船送我們先到溫州（永嘉），曉得何總指揮下一位軍長曹萬順在城內，我們和他是在福州會了又會的，就連夜進城去和他談了一回，曉得何總指揮已到杭州，第二日就向寧波而進；到了寧波，滿眼革命氣象了，袁世斌先生正在寧波，水上警察廳長陳其蔚先生也是我的朋友，又是一團高興。

在寧波曉得褚輔成先生等已到省城，正在預備政務委員會重新開幕，我們又急急向杭州進發，路過紹興，紹興各界招待周到，我們什都不須問，我又想到去年和蔣夢麟先生經過這裏的情況，好像換了世界。到了杭州，住在青年里蔡先生的弟弟前任杭州中國銀行經理蔡元康先生的宅子裏（元康這時已過世了），以後就出席委員會了。

從福州到泉州、漳州、廈門、寧波隨地都要演說，總是闡揚革命主義，喚起群眾，最可紀念的，在福州陪何總指揮閱了一次兵。

政務委員中，褚先生是兼民政科的，查先生兼建設科，朱先生兼教育科，我和蔡先生都是「散員」，這時委員中又有莊崧甫、王廷揚兩位先生，都是浙江的「名宿」，蔡先生還稱王先生做「年伯」呢。

委員中除了那位年輕的共產黨委員和三位兼科的委員外，差不多沒有話問，每件公事，經共產黨兩位委員許可就成了決議案。我們卻擔任一件工作，就是各方推薦縣長，審查「履歷」：共產黨兩位委員對於審查報告，除了一部分不能否認他合格的外，總說某人是土豪，某人是劣紳，當然，我們也不認識得許多，我們也痛惡土豪劣紳，但是有一個人姓名叫方豪的，他是北大畢業生，五四運動學生會中老當主席的，擔任浙江第七中學校長也好幾年了，論他的資格「毫無疑問的」；可是，提了出來，一位共產黨委員說他是土豪劣紳，就把他的履歷扔過去了，王廷揚先生是他母舅，正坐在這位委員的對面，他卻「一言不發」，我覺得奇怪極了，難道方豪真是土豪劣紳？他的母舅既不說話，蔡先生和我自然無從插嘴：可是以後在打倒土豪劣紳的口號底下，不久土豪劣紳並不縮頸反而伸頭了，弄得人民叫苦連天。

這時浙江，還有一個政治會議浙江分會，主席是張人傑，我和宣中華、莊崧甫、蔣夢麟都是委員。

（十三）

光陰像箭那樣地去了，東路軍指揮部前敵總指揮白崇禧早佔了上海，何總指揮也向南京進發，蔣總司令也有到上海的消息了；湊巧，在三月底邊的一天，我和邵元沖、蔣夢麟在大街上碰到一個隊伍，後面一串的藤轎，最後又是隊伍，邵元沖一眼瞟著一乘轎裏躺著一位很像張人傑先生的，後來一打聽，果然是他，住在新新旅社，當晚我們就去看他，張先生住了幾天，就約蔡先生和我們同到上海；這天，滬杭鐵路經破壞後剛剛通車，車子還是到處遇險，我們坐的還是一輛貨車，擱了幾張椅子，到了龍華，就在白總指揮司令部耽了一天；大概，第二三日，蔣總司令就到上海，住在楓林橋上海鎮守使署，張先生邀我們一同到那裏，也就一同住著，還有吳敬恆、李煜瀛兩位國民黨中央監察委員，也都由白總指揮那裏同來的，也一同住著；我和蔣夢麟和中央黨部沒有關係，邵元沖是中央委員，常常想打聽消息：但是四老（吳敬恆、蔡元培、張人傑、李煜瀛）是另住一院的，司令部出入是不得自由的，我們雖有「派司」，總是自己小心不隨便走的。一天，蔣總司令約了四老在我們臥室間壁一間屋裏（蔣總司令常在這裏會客）談話，邵元沖撞了進去，立刻被揮出來；又一天，胡漢民先生來訪蔣總司令，也在這屋子裏，我有事要繞這屋子過，看見他們主客必恭必敬地坐著。這間屋子和我們臥室，實在只隔一扇門簾，我們也沒聽他多說什麼話。

四月七日（或六日）下午，說開中央監委員會了，也就在上面說的這間屋裏，我們進去看看，桌上有一張油印品，好像學校裏的講義，邵元沖拿來一看，便說：「這像是我寄給總司令的，上面還有我寫的話，已裁去了。」我們仍就退了出來，一忽兒，張先生叫人請我進去，說委員會秘書都不在這裏，請我「權充」一下，我當然只得擔任下來：這天，就決定了「清黨」，根據的是蔣總司令提出的那張油印品，連同一張油印的名單。傍晚消息怕要有事變，就是共產黨要占上海，到了晚八九點，又得消息，沒有問題了，已由幫裏朋友出來維持了！我們不過聽聽，安慰安慰自己。

第二日，四老和我們都各自回家，第三日或第四日，張先生找我和蔣夢麟回杭州主持政治分會，加上一個陳其采，主持政務委員會：這時，杭州的軍事機關，也執行「清黨」命令了，共產黨自然逃避，褚輔成、沈鈞儒兩位不曉得為什麼也被扣了。我們回到杭州，委員會已成星散的樣子，我們佈置了一個新局面，過後便正式成立了浙江省政府，仍是張先生主席，我兼任民政廳長，周鳳岐軍事廳長（周鳳岐在抗戰時在上海亞爾培路被暗殺），阮性存司法廳長，陳其采財政廳長，蔣夢麟教育廳長，程振鈞建設廳長，陳訓政、蔣尊簋、黃人望、馬寅初等都是委員，邵元沖委員兼秘書長。

我向來做事，只望前進的，很想把浙江的「吏治」和風俗，「民食」等等計畫改革一下，叫廳裏的職員草擬了許多計畫以外，還請朋友幫忙，想逐漸實現出來，盡我力量的可能，先從「吏治」入手，我對縣長警察所長等人才很為注意；但是，和人民最接近的是警察。中國的警察，從來就是糟糕得厲害，警察所長和「警佐」介紹來登記的卻特別多，我定期和他們說話，看了真是頭痛，有些樣子竟像清朝的「佐貳雜職」，看來除了能夠伺候長官以外，對於人民會發生些什麼？有一個通病，就是不說話，不能說？不必說？不敢說？大概還是不敢說吧，向來政府裏只有長官說話的，他們大概是遵守這個原則吧。

人民告狀的非常的多，告警察的就不少，這也可以曉得向來警察的成績了：鑽謀警察所長和「警佐」的非常的多，托我的朋友寫介紹信來以外，也有「投吾所好」，間接、直接送扇子文玩來，我除了拒絕以外，便給他摘了登記簿上的大名。有一天看到一件公事，是紹興縣柯橋鎮警察分所所長——警佐×××「呈請辭職」，我很詫異，居然有不要做警察所長的？看了「呈文」，他老實說，「柯橋警佐每月有六百元的收入」。（比廳長還多兩百元）但是，他的本薪不過三十多元。但是，他做不下去，因為應付的困難；他並且聲明如果不准，他也不負責任了；我就把同我去福州的那位王永祥先生找來，把這件公事給他看了，請他去擔任，因為王先生是厚道人，而且他的「家景」還好，他又是法政學校畢業生，我給他說清楚：「這是委曲你的：但是，我們革命黨來搞政治，就得把顏色給人民看看。」他只得應許了。他在柯橋做了三年，叫苦不了；但是，得了人民「恭送」的許多頌揚他政績的東西：直到朱家驊先生做民政廳長的時候，苦苦辭掉。

這時候，「廉潔政府」是省政府門前的「飾物」，浙江第一次省政府委員，除了陳其采先生以外，都是從書堆裏來的，我們本來「清白乃心」，而且張先生和我們約，要做點成績，給各省做榜樣，我們自然更興奮了。一天，晚上十點鐘的時候，馬寅初先生來找我說：「明天恐怕要罷市了。」我詫異起來，什麼話？他告訴我：中國銀行杭州分行經理金順泉的弟弟金××包辦絲繭捐，找孔鳳春香粉店的老闆孔××出面擔任絲繭委員；這種事情，每年照例的公事，作弊賺錢，也是公開的秘密，不想在蕭山正是省黨部「主委」沈玄廬宅子相近的地方，被踏著了，沈先生就叫邵元沖、蔣夢麟報告了張主席，立刻命令省會公安局長章烈把金順泉弟兄兩個都扣起來；金順泉當然優待些，留住在公安局；各銀行首腦大商家的領袖都在商會會長王竹齋家裏開會，因為是革命的廉潔政府，不敢向政府說話，尤其是公安局歸民政廳管的，我的難以情說，他們是領教過的；因此，大家束了手，不過說「如果政府太厲害了，我們只有大家同來對付」，銀行方面尤其一致，馬先生得了這個消息，著急了，特地來告訴我！可是，我滿不曉得，我怪沈先生們不該這樣鹵莽，張先生也該和我接洽一回，我立刻往見張主席，問他有沒有這件事？他說：「元沖、夢麟叫我立刻命令公安局這樣辦，否則要被他們逃脫了。」我說：「只對金順泉不該這樣辦，因為這件事並沒有拿到他有關係的憑據，現在銀行商家這樣的態度，鬧了事，我們政府要為難了。」張先生就把這件事，交給我辦，當然，也是我的職務範圍內的事；我就把秘書長許寶駒先生請來，（這時邵元沖任杭州市長，秘書長換了陳布雷，又辭職了，由許先生繼任。）請他立刻出了一張布告，說明政府的態度，告誡人民必須安靖；同時，我把商會會長請來，囑他明日由兩家銀行具保，把金順泉保出去，這件事另外依法辦理，算解決了當晚的因難；後來這件事由省政府和法院共同審訊了結。可是革命黨也有很多做官發了財的呀。

我自己曉得我是不會做官的，在省政府裏又兼了常務委員，張主席再把他的私印交給了我，除了關於建設的計畫，他感興趣的，以外的事都由我代表了他，自然招來妒忌，尤其是省政府改組了一次，一位曾經共患難的朋友落了選，就怪著我不幫忙，就和周鳳岐、×××、×××等合夥靠著中央有背景，要擠去我。

（周鳳岐大概為了夏超獨立的事。）有一天，蔣總司令忽然給張主席一個電報，大致是說我不孚眾望，囑我辭職，張主席給我看了電報，叫我「不必介懷」，又說：「這事我明白的，我今天正要往要南京，我會給蔣先生說明的。」果然，也就沒事。不久，蔣總司令因和「桂系」諸位大將不能諒解，自動「下野」，張主席正在上海得了消息，立刻電報催我到上海，叫我給他擬個辭職電報，我也自然辭職了；果然，周鳳岐做主席了，杭州報上立刻發現「馬敘倫賣官得賄二十四萬存在匯豐銀行」；也有「揚言」：「馬敘倫被打倒了。」

張先生離了浙江不久，做了國民政府常務委員，他忽然給我一個電報，叫我立刻到南京。我到南京的時候，國民政府的電燈，比我小時讀書用的菜油燈還暗，張先生後來和交通部長王伯群爭辦電氣事業，也是有原故的。我問張先生：「為什麼事招我來？」他說：「我想請你來做秘書長，如果你來幫我，我做常務委員就有作用了。」我說：「要我來幫助你是沒有問題的；但是，呂苾籌做得好好的，況且他是譚先生的人（延闓），怕不可以換吧」張先生想了一想，對的，我仍就回了上海；不久，卻發表了我做國民政府參事，我向來幫忙不幫閒的，辭了不就。到了十七年底，大學院改了教育部，蔣夢麟任部長，我任政務次長，這是我第三次做教育次長，也是我最後的「官階」。

（十四）

老實說，我離開浙江省政府以後，就「灰心仕途」，想學「信陵君醇酒婦人」，再來做教育次長，只是還捺不住一點火氣，人家說我被打倒，不過說我丟了官，我就再做一次官看看；所以，這次做官真是做官了；但是，「江山好改，本性難移」，我還是每日到遲歸，「案無留牘」，也辦了一件改革大學制度的事情，又替蔣部長頂了二次大學潮；但是總叫人灰心的，為了國民教育問題，我們正在計畫，中央黨部政治會議竟把中央委員考試院院長戴傳賢的計畫發到教育部叫照辦，我覺得戴先生的計畫要得要不得，另是一個問題，政治會議直接把他的計畫，不經國民政府和行政院而直發到教育部，將來這種事情多了怎樣辦？又一次，國民政府某祕書來了一封「便函」，說：「奉主席（蔣中正）諭：著教育部發給留日學生×××書籍費貳百元。」蔣部長問我：「怎樣辦？」我說：「擱著吧，我們部裏預算，都有規定的，這筆款子，數目雖小，沒法支出，而況主席命祕書『便函』叫我們部裏發款，怎樣能照辦？就是主席正式的命令，也該由行政院轉來，擱著吧，不會有問題的。」這樣的事，實在不易應付，就是做官，官興也不佳了，又碰著我家庭的問題，就此辭職，那時「賦詩」一章，有「從此柴門不再開」一句，就是我的「誓墓文」。這是十八年的冬天。

在杭州住了半年，北大找我回去，我想把《說文解字六書疏證》寫成了，就遲到二十年一月才去北平；但是，《疏證》並未寫成；這是第四次還北大了，我又依我六年回北大的方針，只教書，不問事，連評議會當選也不應，才把《疏證》又陸續寫了許多；可是「九一八」的事情發生了，心裏雖然鬱悶，還按住不動，這時，我的環境也壞，就漸漸地多做詩了。

我做詩是沒有「師承」的，也不向古代詩人墳墓裏覓他們的屍骨，不過在自己的園子裏拉拉唱唱，不過寫我自己要寫的；從「九一八」後一年起，每年的「九一八」，總要胡謅一首，就把我對每年「九一八」的意思留在紙上。到得熱河也失掉了，敵人的飛機出現在北平空中，我的母親年紀七十多了，就把老小都搬回杭州，我呢，為著生活，仍在北大教書，身體還不健康，所以感覺到一種悲涼。我的詩境也跟著悲涼。

直到廿四年，敵人侵略華北更露骨了，北平文化、教育界的人們，尤其像我一輩的人們，從前怎樣慷慨激昂拌生命來革命的，自然更受不住「聲求氣應」，又有了結合，北平大學法商學院院長白鵬飛（現任監察院監察委員）和他院的一輩教員，北大就是我和許德術（現任參政員兼北大教授）、張申府（現任民主同盟中央委員）、尚仲衣等，都要說話了：這時北大校長是蔣夢麟，文學院長是胡適，法學院長是周炳琳（北大學生，五四運動裏的一員）；校長是政府任命的，自然必須「仰承意旨」；周炳琳是國民黨黨員，也做過教育次長，不免是政府派；（現在周先生任參政員兼北大教授，他的表現十足站在民主方面了。）胡適是主張好人政府的，這時，這些好人已「登龍門」了，胡適當然也是靠政府牌頭的一個，而且他是蔣校長的親信呢，所以北大已不是當年的北大——五四運動時代的北大。為了抗日問題，一晚教授俱樂部聚餐，餐後開會，卻加入了高級職員（在先許德珩先生主張不限教授，不得同意），吃飯多些人倒也有趣的；可是，開會的時候，應該不是教授就退出了，「然而不然」，我們自然不好意思竟請他們出去的。原來，當局們曉得如果討論抗日問題，一般的看法是會通過的因為究竟北大教授傳統上的關係，主張抗日的會占多數，所以拉上高級職員來湊場子；這晚對於抗日問題，我當然是主張北大教授，應該表示態度，而且主張抗戰，許先生是附議我的，尚先生也同意我們，陶希聖說了些令人不可捉摸的話（那時他是汪派），胡適便不同意我們的主張，他是相當會說話的，很婉轉地說明應該讓政府去主持的意思；周先生當主席，很拿主席的地位，想硬壓下我的主張，竟有越出範圍，拿黨的地位來說的話，我也只得很不客氣地和他抬了一陣槓子，這晚沒有結果而散。

過了幾日，又是照樣聚餐，再討論抗日問題，依然周先生主席；我和張忠紱先生開了辯論，插入一位樊際昌先生（北大教授兼總務長），酒氣熏人，發了許多帶「醉態」的言語，然而也不過為政府派「張目」；最後主席拿出一張字條，寫著對日外交的五項主張，都是報紙上見過了許多「人云亦云」的一套，總之近乎不外「避實就虛」；周先生還宣佈著：「政府有命令叫各大學校長、教授、學生各推代表入京陳述對日問題意見；蔣校長校事甚忙，不得分身，已請胡適之先生代表入京，我們教授也可以請胡先生做代表，把這些條件帶了去。」我馬上答覆：「我們大學教授的身分，對於國事的主張，不能「拾人牙慧」，這些條件，說的人也多了，何必我們大學教授再來重說一遍？況且胡先生既做了校長代表，校長是政府任命的，我們教授如果認為該派代表，也得另舉，決不可以叫胡先生『兼代』。」這樣，又和樊先生爭一陣子嘴，我就跟著說：「要這麼辦，我就退出吧。」尚先生還起來說話，我就退出了，後來怎樣，也沒聽得再說。

我和白鵬飛先生等就約了各校的「同志」，組織了北平文化界抗日（或者是抗戰）救國會，我被推做主席，白先生做副主席；這時，上海也有了百歲老人馬良先生領導的救國會，北方的朋友，戲稱：「南北救國，『惟馬首是瞻』。」

（十五）

北平究竟是「五四運動」的發源地，各公私立大學中學的學生也組織起來，每日的演講會、坐談會，弄得我兜不過來，經過十幾天，只好「敬謝不敏」，實在累得病了。

在病榻上，有人來告訴我：「評議會議決，許你請假一年。」我說：「我援評議會議決教授請假規程，教授滿五年可以休息半年，得支全薪，休息一年，得支半薪，我到暑假，已滿五年，我為生活關系，請假半年，怎樣會給我一年呢？優待我？怕你聽錯了。」他又打聽了一下，再來告訴我：「沒有錯，問過出席會議的某系主任，他說：胡適之先生拿出一張字條，說：「馬先生請假一年，」就通過了。」我再請人打聽一下，果然不錯，我就提出了質問，蔣校長沒法答覆，只說：「仍送一年的薪水好了。」我說；「不行，決沒有我請半年假，反而給我一年的，除非有理由。」這樣一來，自然逼得我提出辭職書了。原來，他們給我一年的意思，是想叫我離開北大，因為北大的教授，還是每年送一次聘書的，如果我請假半年，假滿仍就回校，因我和北大的歷史關係，不容易不繼續聘我的。

我提出了辭職書，就有一個聽我課的女生來說：「女同學已決議向學校當局質問，必須挽留先生，」我說：「謝謝你們：不必，我向來『言出事隨』，挽留也不留的，」繼續的，男生方面也來請我絕對不可辭職，各校學生會也來請我「打銷辭意」，我都謝了他們：「不要把我這件事，弄得這樣嚴重，胡先生呢，或許有不滿意我的地方，（在這年——廿五年春天或者再遲些，中國哲學會在北平開年會，適之演講他的「鄉先生」程綿莊的學說。程先生固然是清朝「儒林」中的人物：（顏玄、李塨一派）但近時學者們對他的著作能夠看到的已少，連曉得他的名字也不多。哲學會演題是要有討論性的：適之只證明程先生是顏、李的弟子，是個實用派，說他的學說根據「有天地然後有萬物，有萬物然後有男女，有男女然後有夫婦，有夫婦然後有父子……」，隨後就批評了周敦頤、程顥、程頤等一頓，適之的意思在表章程先生學說有創造性的。把一個人的哲學，只簡單敘述一下，又只是一位姓名不大有人曉得的哲學家；那只是尋常的演講，叫人只是接受沒法討論的，他說完了，照例有十分鐘的討論，卻沒有人提出問題，其實也真提不出問題，我算是在北大擔任理學講座的，還曉得程綿莊這個人，也讀過周、程、顏、李的書，我便申說了程先生（綿莊）的學說在周程學說裏已包含著，周、程的學說也不是完全不講實用的，聽講的人差不多都回頭向我看，適之卻沒有答覆；這件事是打落了他的「紗帽翼子」，可能因此不滿意我。）蔣先生和我有交情，我不願叫他為難。」

蔣校長派祕書長回我的辭職書，我不受，他自己來了，「道歉」一番；談到適之，他也承認對我有不滿，不過為著要我增加教課，我不答應；原來這時定了一個新例，教授每週至少擔任八小時；我呢，只擔任五小時，教的只有兩門科目；但是歷來已久了：從「六三」受傷後，身體總未復原，所以學校也優待不計；蔣校長提了這話，我就回答他說：「別人不提，你是從「五四」來都曉得的，我替學校出過多少力，蔡先生曾在給我的信上說過北大賴我給他維持住的話，（這封信為著保存師友們的手蹟一直存著，日軍侵犯杭州，有人把我的箱篋都打開了，我現在還不曾回去過杭州，不曉得遺失了沒有？）我對你也幫助得不少，（當然是為公的）我的身體，還未大好，難道不可以原諒些？」他只是把聘書再三地留下而去，我也終究退還了聘書，就回杭州。

（十八）

這年冬天，四川朋友們勸我逛逛成都各地，供給我從航空來往的「遊資」，自然合我的脾胃。北平的朋友，盼我灣一灣北平：因此，我轉北平到成都，逛了四川的四大叢林和許多「名蹟」；更到灌縣看看離堆，遊二王廟；我覺得李冰父子治水，而成功在少爺手裏，這分明是鯀、禹的故事，古書裏說：「禹生於石紐」，石紐也是四川的地方，那末，鯀禹怕不是鯀禹的大名，這兩個字都是動物的名稱，可能是他們的「圖騰」，或者是譯音。

我從四川回家，我的母親病已重了，不幸的我，竟在廿六年一月二十日，失去了慈愛的母親，我因失掉了母親，又感到家國的環境，都使我的心上好像裂了一個創口，除了一個悲字以外，再寫不出什麼；急急地把母親安葬好了，想學「雲遊僧」了；但是，我不但痛恨一輩酒肉和尚，還對什麼高僧都不敬重；因為他們這拿「法施」兩個字遮蓋了他們分利的劣行；假使他們真正本著大乘佛法，應該個個和尚都是社會主義的信徒；所以就是我的朋友像弘一法師，都認他為只是一個自了漢，他的影響，也不過多幾個自了漢，這種自了漢，還比不上一個終身服務田地上的一個農人，反過來，他們卻靠農人來養活，否則他們也不能自了。所以我和還有幾位朋友像夏丏尊、許炳望先生的，常常辯論，他們都只好說：「『一個人總是要個信仰才有安頓。』」（夏先生的話）或者「我的確信仰西方有樂土，臨終會有佛來接引了，」（許先生的話）只算我的「法力」敵不過他們，然而我認為他們還沒有把「分別我執」破除，「終身學道」，只是被「小我」在耍把戲。

我在六月初上帶了極支絀的旅費，又先到了北平，住了一個月，想轉到西北去走走，因為我沒有到過西北：不想繼續的旅費還未籌到，「七七」事件發生了，我只得又回了杭州，虹橋事件又發生了，我曉得世界的戰事還會因此而起，上海是絕對不安全的，但是，也是相對可以避避亂的；其他的地方，因為我就沒有力量，打不起主意了：就從「八一三」前幾日來到上海，直到今日還沒有離過上海。

杭州的之江大學，遷到上海，曾經邀我去擔任了一個學期的課，不想因為上下公共汽車、電車、把我的右臂關節炎又弄得嚴重起來，右腳又有點不便走路，因此，什麼地方也不能走，什麼事也不得做，實際做了上海「寓公」。但是我哪裏有寓公的資格，簡直沒法生活下去，因為我是北平文化界抗日救國會當過主席的，自然不能露面，這時（廿八年夏天）我只得寫了一封信給蔡元培、朱家驊兩位先生，如今寫在下面。

不奉教益，忽及三秋，遙頌興居，伏祈康祜。倫自廿五年夏，謝別北大，困蟄至今。國難方強，避地於此。以倫平生志向，戮力為民，當此艱危，義無默處；況曾發曲突徙薪之謀，豈樂冒行與言遠之誚；乃以體近半枯，不勝行沒，兼之膏秣未儲，望途而歎，遂使投鞭有願，致愼無從，既背心期，動形夢寐。仍歲以來，僦居斗室，詭呼張祿，（當時我變了姓名）據案疾書，著述自勤。蓋惟報國之術，不限同途，從守勢殊，古訓並重；汗馬之勞，雖非病質所勝，鉛槧之業，猶幸弱腕能堪，倫自元二之間，草創《說文解字六書疏證》，中間奔走國事，亡命遷徙，屢續屢輟，今遇閒暇，已成定本，未乞寫官。

二年之中製二百餘萬言，右臂早中風寒，近患流痲窒斯。二疾並加，瘖痱兼苦，比已飲食不能自快，作書運筆，亦感不強，然心力未衰，所願尤大。倫昔著《莊子義證》、《老子覈詁》，流傳海外，頗見引重，然成書在十年以上，亟思修補，期臻美備；又欲就《說文解字》中闡發語原，別為一帙。以為吾國語言學者所取資。蓋今世有瑞典人高本漢者，於漢語漢字頗有述作。觀其張條陳範，據前證後，自足多稱，而局促《廣韻》拘牽《毛詩》，尋流探本，猶待鉥穌，而國人壎篪相和，莫能揚榷。此倫雖譾陋，妄欲猶有所為者也。然倫計拙治生，迄無藏畜，頻年依食，資于故人，將伯之助，本得于無望，周急之途，日就於自柴。吾生未厭，來日猶長，一襲十年，勉可希于古式，三旬九食，實難踵於昔賢，不有援手，便成餓莩。倫素齊萬有，不卑行乞，但念弱冠以來，鼓吹革命，文字歌哭，尚存方冊。辛亥之役，亦竭所能，項城僭帝，獨辭太學；蓋欲樹此風聲，彰彼惡德；所以犯金革而置生命於不顧。區區之懷，豈為一校一事而已。其後滯北則首都揭竿，實參帷幕，歸南則夏超易幟，頗費籌惟。

倫之于國，既盡吾才，而國之於倫，忍視其死？若使吹簫吳市，學步楚亡，於倫未辱，懼辱國耳。比者，孟森、錢玄同身後見褒；國家旌寵，所以勸善；然比度所樹，某實過之；使某竟不能生，一棺長掩，而後澤及枯殖，縱百其辭，何益逝者？且倫自念生平，小德多愆，大義自閑。是以燕都之弓招累至，（湯爾和派人來請我去做北大校長）疊山之弦響無更。固某所以自立某所以為國也。夫昔殷士已墟而夷齊恥食周粟，今國家號召猶及四方，而使他日鐫倫之墓石曰餓夫，或亦為在位者所不取。然某體已近癟，不堪力作；願親隴畝，無志簪、入纓俾有二徑之資，得續一編之業，長為無用，以沒餘齡，所覬如此而已。近有桂林故人（白鵬飛先生正任廣西大學校長）悉其垂阨招，使西移。而倫自審，殘疾餘生，不任舟車，況能跋涉萬里乎？倫於子丈，摳趨三十載，于騮兄亦把臂一時，今二公各握文化之璇機，攬藝林之逸足，如倫駑騫，或同駿骨，用是陳衷左右，以裁死生。方寸慷慨，不能盡白，竚侍還音，有如望歲。

（十七）

這信去後半年光景，朱先生從英國庚子賠款委員會裏每月撥給我二百元的生活費，直到十二月八日太平洋戰事發生止，總算支持住了。

這年秋天，姜紹謨先生來到上海，做地下工作，和我一起住，因為我有家眷的，要我替他掩護掩護。十二月裏，汪精衛已在愚園路六六號，和日本派來的某某商結賣國「協議」了；起初是陶希聖、高宗武幫助汪精衛在搞的，後來把陳公博從香港找得來，姜先生請我去找一下公博，因為他是北大學生，而且還聽我的講的，我自然「義不容辭」，託人約公博談了一次；他對我說：「我和汪先生雖然同樣主張和平，但是，我不主張有行動，更不願汪先生上臺：現在，商結『協定』，對方壓迫得很厲害，我在儘量地減輕損失；」並且具體的舉了些事實，我現在記不得了；他問我輿論怎樣？我說：「和平是大家希望的，但是也不願意『瓦全』的和平，」他點點頭；最後他說：「我和汪先生關係太深了，如果，他竟更上臺，我只有犧牲了，那時，還要師友來幫忙。」我說：「我還是勸你不出來吧，我呢，早決定不出來；」就此握手而別。

過了兩日，我寫了三首詩，託人交給他，如今也寫在下面：

我愛當年陳白沙，靜中修養茁萌芽。

（公博廣東人，他在北大聽我的課，和譚平山坐在一塊兒，安靜不過，他們參加發起中國共產黨，也「不露頭角」。）

已成桃李垂行畔。更作瑚璉蔚國華。

一時官柳搖金佩，三載烏衣駐玉車。

卓犖聲名吾黨健，還須珍重向無涯。

立齊立楚（張邦昌劉豫）竟何如？為帝為臣止自娛。

討賊使來侵岷廓。連橫約就背商於。

可使智囊蒙五鼎？願將慧劍斬千狐。
明朝我檥春江側，同狎鷗波倒玉壺。

一椎博浪駭秦皇，三戶居然殪虎狠。
莫道書生無大業，早將奇勳創司常。
龍象已嗟回短命（胡漢民先生），蘭廉能使趙延亡。
汪倫本是多情侶，出處還相細細商。

第三首還叫公博去勸汪精衛，然而事實已早定，我也不過盡心而已。廿九年二月我有詩三首，就為汪精衛做的，寫在下面：

垂老聞將割燕雲，更輸歲幣更監殷。
連橫計就秦為長；和議稱臣構署文。

不師沫請歸侵地，不學汪錡作國神。
降表獨修歸命急；降王長已屬他人。

匹夫犒敵有弦商，擅結盟書史未嘗。
欲起宣尼問書法，春秋何例比刑章？

此後就和公博沒有往還，他叫人和我說，要來看我，我謝了他，直到勝利的前一年（三十三年）陰曆元旦，他忽然冒雨來了，我是「門無門焉者」，他一逕進了客堂，才和他又見一面，我向他問了些情形，告訴他些「人民疾苦」，勸了他些及早回頭的話，他走了，我又給他一封信，如今又寫在下面：

日者，瑤軒紆道，辱慰朽衰；積愫相傾，未空十一，區區愚衷，諒要曲鑒。雞唱不已，明夷待期：止衣冠於塗炭，起織耕於熸沈；使小雅之憂，不見於詠歎；南山之石，可勒其黽勤：則瀛王枉道，猶得恕于宋儒，狄相忘身，竟表忠乎唐室。倫雖藏蹤人海，久絕塵緣。耿耿方寸，惟在國民。與兄弦歌一夕，期致千秋。重以眷舊，輒被隆情。報德以德，往誓如江。用據古誼，貧此私懷。尚照丹忱，副茲襟望。

這年四月，是我六十歲的「初度」，我寫我生平經歷的大概，就此結束。我從得了神經衰弱病以後，記憶力日差，所以對於自身經歷的事情，許多僅僅記得大概，上面寫的恐怕還有顛倒錯亂，將來再修正吧。

三六、三、十寫完

校後記

像這樣平常的我，絕對沒有把「生平事蹟」寫出來的必要；而且我曾在我的筆記上寫著我死以後把我的遺體燒得一乾二淨，不要有絲毫玷汙了世界；那末，還可以留著這樣平常的「生平事蹟」來費紙墨？所以在三年以前，有一位青年朋友，勸我寫一篇「自傳」，我只是謝謝他的好意。

今年又有一位朋友一定要我寫一篇關於我的革命工作，我雖然參加過革命工作，但是革命陣線上的一小卒，還不曾做過行陣工作，有什麼好寫？而且在國民的天職上，也不能「自詡有功」，我還常常自己覺得對人民說起來，是一個罪人，因為革命不曾帶給了他們些微的快樂。所以也再三地辭了。

可是，這位朋友仍是再三地逼我寫，因為要拿去補充補充他編的刊物上的篇幅，因此，終究寫了一篇「我在十八歲以後」，因為我曾寫過一篇〈我在十八歲以前〉；在我寫〈我在十八歲以前〉的時候，並非為寫「自傳」的「楔子」，因為叫我寫文章的是開明書店出版的刊物——《中學生》，就把我做《中學生》的經過寫出來，補充他的篇幅，實在是一時找不著題目的辦法，不想惹起了麻煩。

我寫好了〈我在十八歲以後〉，那種刊物上登了一半，便停版了，有幾家出版社便來要求代為出版，終究答應了生活書店，也便把〈我在十八歲以前〉合併在裏面，叫他做《我在六十歲以前》。

但是，我自己覺得我的過去，可以自信的還在做人，總算十不離九，此外算讀書還勤的；可是，學問的成就也微細得可憐。本想時世太平，有補讀十年書的福氣，再得成就多些；不想勝利到來，偏又把我驅上民主運動的隊伍裏，一忽兒快要兩年了，一本書也不從頭到尾看他一遍；覺得對於人民並未見得有益，對於自己，怕就此封住了學問上的進步；而微細得可憐的一些成就，這裏並未說到，這原不是「自傳」。

三十六年五月三十一日

附錄：馬敘倫大事年表

一八八五年（清光緒十一年）一歲

四月二七日，出生在杭州府仁和縣下羊市街金剛寺巷口一所古宅。

一八八九年（光緒十五年）五歲

春，由山陰解元王會澧「破蒙」。

一八九九年（光緒二十五年）一五歲

考入養正書塾。

一九〇二年（光緒二十八年）十八歲

五月，因反對學堂決定開除吃飯談天的同學而遭除名。下旬，到上海

《選報》館協助編務，此為其平生第一份職業。

一九〇四年（光緒三十年）二十歲

往來滬杭教書、寫稿謀生；發起「國學保存會」。

一九〇六年（光緒三十二年）二十二歲

二月，到衢州府江山縣立中學堂擔任歷史教習。在校內發起組織「天足會」，創辦《新衢州雜誌》。夏，學堂停辦。

下半年，執教於兩廣師範館。翌年改在兩廣方言學堂教授文科兼倫理學。

一九〇九年（宣統元年）二十五歲

一〇月，浙江諮議局成立，任書記；浙江官立兩級師範學堂邀他當教員。

一九一〇年（宣統二年）二十六歲

八月二十三日，領導浙江保路運動的湯壽潛被革職。馬敘倫設法參加鐵路局股東大會，通過挽湯保路的決議。

一九一一年（宣統三年）二十七歲

孟秋，在日本由章太炎介紹入同盟會。

十一月七日，浙江軍政府成立，任都督府秘書。

一九一三年（民國二年）二十九歲

春，去國立北京醫學專門學校（北京醫科大學前身）當國文教員，兼做「文書」事務。

本年，寫信給政治會議議長李經羲，希望恢復因反袁被軟禁的章太炎自由。

一九一五年（民國四年）三十一歲

下半年，應邀到北大文學院兼課，講授文字學和宋學。

十二月，因不滿袁世凱復辟帝制，毅然辭去北大和醫專的教職。

一九一六年（民國五年）三十二歲

五月，回杭擔任浙江省財政廳長秘書。

一九一七年（民國六年）三十三歲

年初，第二次回北大任文科教授。

七月，張勳復辟，蔡元培避居天津。馬敘倫被推為教員會副主席，維持校務。

一九一九年（民國八年）三十五歲

一月，與楊昌濟、梁漱溟、胡適、陳公博等發起成立哲學研究會。

五月四日，北京發生五四運動。五、六月，北大教職員聯合會和北京中等以上學校教職員會聯合會相繼成立，馬敘倫先後任書記、主席。

十二月，領導北京國立學校開展第一次索薪鬥爭。

年底，設法幫助陳獨秀脫險。

一九二〇年（民國九年）三十六歲

三月，北大教職員會成立，馬敘倫任文書組主席。

十一月，領導第二次索薪鬥爭。

一九二一年（民國十年）三十七歲

五月二十一－二十二日，主持八校教職員會，發表〈告國人書〉，控訴軍閥政府摧殘教育。

六月三日，率領北京教職員和學生齊集教育部、赴總統府請願，身受重傷。

九月下旬，接任浙江省立第一師範學校校長。

一九二二年（民國十一年）三十八歲

六月，任浙江省教育廳長。

九月二十五日，王寵惠內閣教育總長湯爾和免馬敘倫浙江省教育廳長職，發佈「署教育次長」。

十一月底，王寵惠「好人政府」倒閣，馬敘倫辭職回北大教書。

年底，參與北大學生民治主義同志會活動，登記加入國民黨。

一九二四年（民國十三年）四十歲

二月二十七日，聯合北京六個團體致函王正廷，要求即日無條件承認蘇俄政府。

十月，任黃郛攝政內閣的教育部次長。

十一月，段祺瑞任中華民國臨時執政，馬敘倫留任教育部次長並代理部務。

年底，壓下內務部查辦李壽長（即李大釗）諮文，並告李及時隱蔽。

一九二五年（民國十四年）四十一歲

三月十二日孫中山逝世後，參加守靈，並參與治喪弔唁的安排。

本月，提交辭呈，回北大教書。

五月三十日，「五卅慘案」發生。任北京「五卅慘案後援會」主席。

一九二六年（民國十五年）四十二歲

一月，被任命為教育特稅督辦。

二—三月，被推舉為出席「偽國民黨二大」的北京代表，並當選「監察委員」。

三月二十三日，向段祺瑞政府遞交辭去教育特稅督辦的文書。

夏初，從東交民巷的法國醫院化裝出逃南歸。

中秋前後，策動浙江省長夏超反正，回應北伐戰爭。十月中旬事敗遭通緝。

一九二七年（民國十六年）四十三歲

三月一日，浙江臨時政治會議在杭州開始履行職責，馬敘倫為政務委員。

四月，任浙江省政府委員兼民政廳長。

八月，蔣介石「下野」，張靜江、馬敘倫等聯名辭職。

一九二八年（民國十七年）四十四歲

三月，南京方面發表馬敘倫任國民政府參事，他辭謝不就。

年底，第三次被任為教育部次長。

一九二九年（民國十八年）四十五歲

冬，辭教育部次長職，回杭。

一九三〇年（民國十九年）四十六歲

本年起，脫離國民黨。

一九三一年（民國二十年）四十七歲

一月，第四次入北大。

九月，九一八事變發生，感懷家國的舊體詩漸多。

一九三六年（民國二十五年）五十二歲

一月，先後被推為北平文化界抗日救國會和華北民眾救國聯合會主席。

十月中、下旬，到四川策動劉湘促蔣抗日。

十二月，西安事變發生。再赴四川，勸說劉湘牽制力主進兵西安的何應欽。

一九三七年（民國二十六年）五十三歲

七月七日，盧溝橋事變發生。寫七絕兩首。

八月，避居上海租界。

一九三九年（民國二十八年）五十五歲

夏，因生活困難寫信向蔡元培和朱家驊求助。

一九四〇年（民國二十九年）五十六歲

三月，勸回滬參加所謂「和平運動」的原北大門生陳公博懸崖勒馬。

十一月八日，湯爾和病死。此後，馬敘倫寫〈湯爾和晚節不終〉。

一九四五年（民國三十四年）六十一歲

八月十日夜，聞日寇乞降消息，歡欣鼓舞，一口氣寫下七絕七首。

十二月二十九日，與王紹鏊等六十人簽名發表〈給美國人民的公開信〉；三十日，發起成立中國民主促進會，主持通過《中國民主促進會簡章》等四項重要決議。

一九四六年（民國三十五年）六十二歲

一月十一日，馬敘倫等十一名理事署名發表了〈中國民主促進會給政治協商會議建議書〉。十三日，擔任上海各界群眾公祭昆明慘案殉難烈士于再的主祭團成員。

五月五日，主持上海「人團聯」成立大會。十二日，被推舉為常務理事。

六月六日，領導上海文化界知名人士一六四人上書蔣介石、馬歇爾及各黨派，呼籲制止內戰。二十三日，參加上海民眾反內戰大會，赴南京籲請和平。當晚，在「下關慘案」中被打成重傷。

十月四日，任追悼李、聞烈士大會主席團成員。

十二月三十一日，民進等十一個人民團體發表〈對一黨憲法的聯合聲明〉。

一九四七年（民國三十六年）六十三歲

二月十四日，主持民進發表〈為「二九」慘案宣言〉。

三月十二日，與五十餘愛國人士致電莫斯科蘇、美、英、法四國外長會議，請各國促成中國早日停止內戰。

十一月一日，致函國民政府行政院院長張群，聲明「捕殺不辭，驅脅無畏」。

十二月，在中共幫助安排下，離滬轉往香港。

一九四八年（民國三十七年）六十四歲

四月二十六日，民進在港發表聲明，否認國民黨「行憲國民大會」、「偽憲法」。

五－八月，響應中共「五一」號召，積極參加「新政協運動」。

十一月下旬，離港赴東北解放區。

一九四九年（民國三十八年）六十五歲

一月二十二日，與到達解放區的民主黨派領導人和民主人士發表〈對時局的意見〉。代表民進發表〈為爭取永久和平的宣言〉。

三月二十五日，陪同毛澤東、朱德閱兵。

六月十五－十九日，新政協籌備會第一次會議召開，被推舉為籌備會常務委員。任新政協籌備會第一小組成員、第六小組組長。

九月二十一－三十一日，政協第一屆全體（代表）會議召開，任大會主席團常務委員。

十月一日，出席開國大典。九日，許廣平在政協一屆一次會議上轉達馬敘倫關於確定十月一日為國慶日的提議。十九日，中央人民政府委員會第三次會議，任命馬敘倫為政務院政務委員、文化教育委員會副主任、教育部部長。

十二月，主持召開第一次全國教育工作會議。在民盟一屆四中全會上被補選為民盟中央委員、中央常委。

一九五〇年（民國三十九年）六十六歲

四月，在民進第一屆全國代表大會上被推舉為民進中央主席。

六月一－九日，召開第一次全國高等教育工作會議。

九月二十－二十九日，主持召開第一次全國工農教育會議。

十月十二日，在教育部召開的記者招待會上就接辦輔仁大學發表書面談話。

一九五一年（民國四十年）六十七歲

一月中旬，召開處理接受外國津貼的高等學校會議。

三－九月，先後主持召開第一次全國中等教育會議、中等技術教育會議、初等教育與師範教育會議和民族教育會議。

十一月三－九日，全國工學院院長會議決定調整高等工業學校的院系設置與分工。

一九五二年（民國四十一年）六十八歲

十一月，高等教育部從教育部分出另立後，首任高教部長。

一九五三年（民國四十二年）六十九歲

五月，在民盟一屆七中全會上當選民盟中央副主席。

年底，全國院系調整基本結束。

一九五四年（民國四十三年）七十歲

九月，當選為全國人大常委會委員。本月起，不再擔任高教部部長。

十二月，在全國政協二屆一次全會上繼續當選常務委員。

一九五六年（民國四十五年）七十二歲

二月九日，民進中央常務理事會擴大會議通過《關於擁護和貫徹〈中國人民政治協商會議第二屆全國委員會第二次全體會議的決議〉的決議》。

八月，在民進二大致開幕詞，繼續當選中央主席。

一九五七年（民國四十六年）七十三歲

七月，民進中央整風領導小組成立，馬敘倫為召集人之一。

本年，《說文解字六書疏證》三十卷由科學出版社出版。

一九五八年（民國四十七年）　七十四歲

六月五日，題下最後一幅字：「我們只有跟著共產黨走，才是在正道上行，才有良好的結果，否則根本上就錯了。」

十二月，在民盟三屆一中全會、民進五屆一中全會上繼續當選民盟副主席、民進主席。

一九五九年（民國四十八年）　七十五歲

四月，當選為第二屆全國人大常委會委員。

一九六〇—一九六九年（民國四十九—五十八年）　七十六—八十五歲

臥床養病，靠鼻胃管維持生命，由特護料理生活。

一九七〇年（民國五十九年）　八十六歲

五月四日凌晨，因併發肺炎逝世。

血歷史201　PC1003

新銳文創
INDEPENDENT & UNIQUE

馬敘倫自述
——我在六十歲以前

原　　著　馬敘倫
主　　編　蔡登山
責任編輯　楊岱晴
圖文排版　周妤靜
封面設計　劉肇昇

出版策劃　新銳文創
發 行 人　宋政坤
法律顧問　毛國樑　律師
製作發行　秀威資訊科技股份有限公司
114 台北市內湖區瑞光路76巷65號1樓
電話：+886-2-2796-3638　傳真：+886-2-2796-1377
服務信箱：service@showwe.com.tw
http://www.showwe.com.tw
郵政劃撥　19563868　戶名：秀威資訊科技股份有限公司
展售門市　國家書店【松江門市】
104 台北市中山區松江路209號1樓
電話：+886-2-2518-0207　傳真：+886-2-2518-0778
網路訂購　秀威網路書店：https://store.showwe.tw
國家網路書店：https://www.govbooks.com.tw

出版日期　2021年6月　BOD一版
定　　價　240元

國家圖書館出版品預行編目

馬敘倫自述：我在六十歲以前/馬敘倫原著；蔡登山主編. -- 一版. -- 臺北市：新銳文創, 2021.06
面； 公分. -- (血歷史；201)
BOD版
ISBN 978-986-5540-47-0(平裝)

1.馬敘倫 2.傳記

782.887 110008035

讀者回函卡

感謝您購買本書，為提升服務品質，請填妥以下資料，將讀者回函卡直接寄回或傳真本公司，收到您的寶貴意見後，我們會收藏記錄及檢討，謝謝！

如您需要了解本公司最新出版書目、購書優惠或企劃活動，歡迎您上網查詢或下載相關資料：http:// www.showwe.com.tw

您購買的書名：______________________________

出生日期：________年________月________日

學歷：□高中（含）以下　□大專　□研究所（含）以上

職業：□製造業　□金融業　□資訊業　□軍警　□傳播業　□自由業

□服務業　□公務員　□教職　□學生　□家管　□其它_____

購書地點：□網路書店　□實體書店　□書展　□郵購　□贈閱　□其他

您從何得知本書的消息？

□網路書店　□實體書店　□網路搜尋　□電子報　□書訊　□雜誌

□傳播媒體　□親友推薦　□網站推薦　□部落格　□其他__________

您對本書的評價：（請填代號　1.非常滿意　2.滿意　3.尚可　4.再改進）

封面設計____　版面編排____　內容____　文／譯筆____　價格____

讀完書後您覺得：

□很有收穫　□有收穫　□收穫不多　□沒收穫

對我們的建議：______________________________

____

____

____

請貼
郵票

11466
台北市內湖區瑞光路 76 巷 65 號 1 樓

秀威資訊科技股份有限公司　收

BOD 數位出版事業部

....

（請沿線對折寄回，謝謝！）

姓　名：____________　年齡：______　性別：□女　□男

郵遞區號：□□□□□

地　址：________________________

聯絡電話：(日)____________ (夜)____________

E-mail：________________________